职业院校汽车类专业人才培养改革创新示范教材

汽车维护项目任务书汇编

陈　均　赵元添　编　著

电子工业出版社·

Publishing House of Electronics Industry

北京·BEIJING

内 容 简 介

本书是"12221"自助式学习模式的学习用书，由17个项目任务书汇编而成。"12221"自助式学习模式是一种用于学习技能的新型教学模式。这种模式有5个环节：学生根据教师发的项目任务书开展自助式学习，在各种教学资源的帮助下，自行完成"1"份引导文作业；在观察教师或同学完成"2"次以上作业之后，在教师的指导下自己独立完成"2"次作业；接下来，这位学生升格为小老师，并要指导下一位学生完成"2"次作业；最后，还要填写1份作业单和评价表。这种学习模式的教学效益比目前国内汽车专业现在采用的各种教学方法而获得的教学效益都要高得多，因此获得师生和专家的一致好评。

本书适用于职业院校师生及社会相关从业人员。

图书在版编目（CIP）数据

汽车维护项目任务书汇编/陈均，赵元添编著. —北京：电子工业出版社，2014.8
职业院校汽车类专业人才培养改革创新示范教材
ISBN 978-7-121-23732-4

Ⅰ. ①汽…　Ⅱ. ①陈…　②赵…　Ⅲ. ①汽车－车辆修理－中等专业学校－教材　Ⅳ. ①U472

中国版本图书馆 CIP 数据核字（2014）第 146666 号

策划编辑：杨宏利
责任编辑：杨宏利　　特约编辑：赵红梅
印　　刷：河北虎彩印刷有限公司
装　　订：河北虎彩印刷有限公司
出版发行：电子工业出版社
　　　　　北京市海淀区万寿路 173 信箱　邮编　100036
开　　本：787×1 092　1/16　印张：10.25　字数：262.4 千字
版　　次：2014 年 8 月第 1 版
印　　次：2025 年 8 月第 12 次印刷
定　　价：25.00 元

凡所购买电子工业出版社图书有缺损问题，请向购买书店调换。若书店售缺，请与本社发行部联系，联系及邮购电话：（010）88254888，88258888。

质量投诉请发邮件至 zlts@phei.com.cn，盗版侵权举报请发邮件至 dbqq@phei.com.cn。

本书咨询联系方式：（010）88254592，bain@phei.com.cn。

前　言

汽车维护课程是汽车运用与维修专业的一门核心课程，通过此课程的学习，学生应该掌握汽车维护的技能，能够独立或合作完成汽车维护作业。为了完成该课程的学习任务，我们设计了一种师生满意度高、能够确保学习效果的新型学习模式——12221 自助式学习模式，12221 自助式学习模式的学习过程如下。

1. 学生使用参考资料（包括教材、参考书、汽车使用手册、图片、视频等）、上网查询，完成"一份"引导文作业（在汽车维护任务书内），然后进入下一环节。

2. 学生观察教师（或者同学）操作"两次"（或以上），注意操作者是否按照规定的步骤和要点（在汽车维护任务书内）进行作业，然后进入下一环节。

3. 学生在教师（或者同学）的指导下亲自操作"两次"，学生操作时要在指导者的指导之下，按照规定的步骤和要点（在汽车维护任务书内）进行作业。

4. 学生指导另一位学生操作"两次"，指导者要按照汽车维护任务书进行指导；教师要在旁边观察，及时指正，防止学生误导。

5. 学生交"一份"作业单（在汽车维护任务书内）。

由于学习过程有 5 个环节，把每个环节中相应的数字连起来，就是 12221；另外，由于整个学习过程都是学生自主学习，所有这种学习模式就简称为 12221 自助式学习模式。

在使用这种学习模式时，教师要告诉学生本门课程有若干个学习项目，每个学习项目都要由学生自己去完成。上课时，对于一个 50 人的标准班，教师在教学场所内设置 3～6 个不同或相同的工位，每个工位可以完成特定的学习任务，学生根据情况自行安排学习。学生每完成一项学习任务，教师就记录在案。学生完成所有学习任务后，还要进行上机考试（可以重复考，取最高分）。

本书是实施 12221 自助式学习模式必不可少的学习资料。

本书以丰田卡罗拉汽车为例。如果使用其他车型进行学习，要修改维修参数，以免误导。

由于编者水平有限，本书难免有错误和不妥之处，恳请广大读者和专家批评指正。

编　者
2014 年 3 月

目 录

任务名称：两柱式举升机的使用

班级_____姓名_____学号____

一、实施作业前，请回答如下问题

1. 你见过哪些汽车举升机：

   A. 四柱式举升机　　　　B. 两柱式举升机　　　C. 剪式举升机

2. 你是否操作过汽车举升机：

   A. 是　　　　　　　　　B. 否

3. 使用汽车举升机是为了完成：

   A. 更换发动机机油　　　B. 检查底盘状况　　　C. 检查灯光

   D. 紧固各部件的连接螺栓　E. 更换轮胎　　　　　F. 更换刹车片

   G. 添加刹车液　　　　　H. 检测尾气

4. 操作两柱式举升机时有可能发生：

   A. 漏电伤人　　　　　　B. 高压气泄漏　　　　C. 滑倒摔伤

   D. 汽车下坠　　　　　　E. 火灾　　　　　　　F. 中毒

   G. 机架垮塌　　　　　　H. 钢缆伤人

5. 填写本任务的操作要点。

序号	作业内容	操作步骤	操作要点
1	检查工位和举升机	（1）清理工位 （2）检查举升机地脚螺栓的紧固情况 （3）检查立柱是否晃动 （4）检查液压设备是否漏油 （5）检查举升臂的转动锁止装置 （6）检查举升臂转动是否平顺 （7）检查举升臂的上下晃动量	

序号	作业内容	操作步骤	操作要点
1	检查工位和举升机	（8）检查举升臂伸缩部分 （9）检查举升臂上的橡胶托支撑垫块 （10）检查橡胶托块下的轴孔配合间隙	
2	空载试验	（1）接通电源 （2）按住上升按钮举升 （3）拉动下降锁止拉手 （4）按下卸荷阀	
3	举升汽车	（1）车辆进入举升工位 （2）把举升臂放入车辆举升部位，微调并观察支撑点是否合适 （3）按住上升按钮，举升车辆离地 （4）用适当力度推动车辆 （5）按住上升按钮，把车辆举升至目标高度 （6）按下卸荷阀，使举升臂被机械自动锁止 （7）按住上升按钮，稍稍举升车辆 （8）拉动下降锁止拉手 （9）按下卸荷阀，降下车辆 （10）收回举升臂 （11）关闭电源，整理和清扫场地	

6．你如何保证操作两柱式举升机的安全？

7．你准备如何完成本任务（方法、资源、时间）？

教师（签章）：

二、实施作业并填写作业单

作业单

任务名称					
班　级		学　号		姓　名	
地　点			日　期		
序号	作业内容		检查结果	备　注	
1	清理工位，检查举升机		□正　常 □不正常		
2	空载试验		□正　常 □不正常		
3	举升汽车		□正　常 □不正常		

三、完成作业后，请填写评价表

评价表

项　目	评价指标	自　评	互　评
工作任务	认识作业要求	□合　格 □不合格	□合　格 □不合格
	按要求完成作业	□合　格 □不合格	□合　格 □不合格
	作业单填写完整	□合　格 □不合格	□合　格 □不合格
职业素养	工作服整洁	□合　格 □不合格	□合　格 □不合格
	正确查阅维修资料和学习材料	□合　格 □不合格	□合　格 □不合格
	合作默契，交流顺畅	□合　格 □不合格	□合　格 □不合格
个人反思			
教师评价	教师签字： 日　　期：	成　绩	
		□合　格	□不合格

任务名称：**使用量具**

班级_____姓名_____学号____

一、实施作业前，请回答如下问题

1. 本次作业中，你将学习哪些量具：

　　A．直尺　　　　　　　　B．卷尺　　　　　　　C．外径千分尺

　　D．百分表　　　　　　　E．胎压表　　　　　　F．预置式扭矩扳手

2. 在使用量具时，第一步一般是：

　　A．清洁量具　　　　　　B．测量参数　　　　　C．校准量具

3. 在使用量具时，有一步肯定是：

　　A．清洁量具　　　　　　B．测量尺寸　　　　　C．测量密度

　　D．测量压力　　　　　　E．测量扭矩

4. 在使用量具时，有可能发生如下事故：

　　A．漏电伤人　　　　　　B．高压气泄漏　　　　C．量具损坏

　　D．化学灼伤　　　　　　E．火灾

5. 本次作业使用的所有量具都有量程吗？

　　A．都有　　　　　　　　B．不一定

6. 在测量时，使用量程不合适的量具，可能发生的情况是：

　　A．无法测量　　　　　　B．量具损坏　　　　　C．人身伤害

7. 根据下述量具在汽车维护作业中的作用进行连线。

　　　　　　　千分尺　　　　　　　　　测量轮胎压力

　　　　　　　胎压表　　　　　　　　　测量物体厚度

　　　　　　　力矩扳手　　　　　　　　测量紧固件扭紧力矩

8. 千分尺主尺上每一小格表示_____，螺旋尺上每一小格表示_____。

9. 胎压表有_____排刻度，它们的单位分别是_____。

10．填写使用外径千分尺的操作要点。

序号	作业内容	操作步骤	操作要点
1	零位校准	（1）清洁测砧表面 （2）转动棘轮定位器使测砧和螺杆（或标准杆）接触 （3）检查零刻度是否对准 （4）如不对准，直接校准或使用标准校准	
2	测量	（1）清洁被测物体表面 （2）在测砧和螺杆之间放入被测物体 （3）转动微分筒 （4）转动棘轮定位器 （5）锁止螺杆	
3	读数	（1）读出尺寸整数 （2）读出 0.5mm （3）读出 0.01～0.50mm 之间的数值 （4）计算测量尺寸	
4	清洁整理	（1）清洁量具 （2）使螺杆归零位 （3）把量具装入盒内	

11．填写使用胎压表的操作要点。

序号	作业内容	操作步骤	操作要点
1	零位校准	观察指针	
2	测量	把测量头接入轮胎气门芯	

续表

序号	作业内容	操作步骤	操作要点
3	读数	读出指针偏转量	
4	清洁整理	清洁整理胎压表	

12. 填写使用扭矩扳手的操作要点。

序号	作业内容	操作步骤	操作要点
1	零位校准	旋转套筒到刻度最低处	
2	预置力矩	（1）设置杆上的整数 （2）设置套筒上的数值 （3）计算力矩	
3	设置旋向	转动旋向控制旋钮（或旋圈）	
4	清洁整理	清洁整理扭矩扳手	

教师（签章）：

二、实施作业并填写作业单

作业单

任务名称					
班　级		学　号		姓　名	
地　点			日　期		

序号	作业内容	测量数据	学习结果	教师签字
1	学习使用千分尺		□学　会 □没学会	

7

序号	作业内容	测量数据	学习结果	教师签字
2	学习使用胎压表		□学　会 □没学会	
3	学习使用预置式力矩扳手		□学　会 □没学会	

三、完成作业后，请填写评价表

评价表

项　目	评价指标	自　评	互　评
工作任务	认识作业要求	□合　格 □不合格	□合　格 □不合格
	按要求完成作业	□合　格 □不合格	□合　格 □不合格
	作业单填写完整	□合　格 □不合格	□合　格 □不合格
职业素养	工作服整洁	□合　格 □不合格	□合　格 □不合格
	正确查阅维修资料和学习材料	□合　格 □不合格	□合　格 □不合格
	合作默契，交流顺畅	□合　格 □不合格	□合　格 □不合格
个人反思			

续表

教师评价	教师签字： 日　　期：	成　　绩	
		□合　格	□不合格

任务名称：**检查车身**

班级＿＿＿＿＿　姓名＿＿＿＿＿＿＿　学号＿＿＿

一、实施作业前，请回答如下问题

1. 汽车由如下四大部分组成：

　　A．发动机、底盘、电器和车身

　　B．车身、灯光、发动机和底盘

　　C．轮胎、车架、发动机和底盘

2. 如下部件属于汽车车身：

A．发动机舱盖	B．行李舱盖	C．车门
D．车窗	E．座椅	F．安全带
G．加油口盖		

3. 检查车身是为了：

A．避免车身松动或脱落	B．防止车轮脱落	C．防止燃油泄漏
D．避免车辆带病行驶		

4. 检查车身时有可能发生如下事故：

A．车辆突然起动伤人	B．压伤手指	C．触电伤人
D．硫酸伤人	E．火灾伤人	

5. 填写本任务的操作要点。

序号	作业内容	操作步骤	操作要点
1	准备工作	（1）安放车轮挡块 （2）整理内、外三件套 （3）解锁车辆 （4）置点火开关于"ON"挡 （5）降下左窗玻璃	

序号	作业内容	操作步骤	操作要点
1	准备工作	（6）安放内三件套 （7）拉动发动机舱盖释放拉手 （8）拉动行李舱盖释放拉手 （9）拉动加油口盖释放拉手	
2	检查车门	检查车门螺栓和螺母是否完整、紧固、无锈蚀	
3	检查发动机舱盖	（1）打开发动机舱盖 （2）支撑发动机舱盖 （3）安放外三件套 （4）检查发动机舱盖螺母和螺栓是否完整、紧固 （5）收起外三件套 （6）收回支撑杆 （7）关上发动机舱盖	
4	检查行李舱盖	（1）打开行李舱盖 （2）检查行李舱盖螺母和螺栓是否完整、紧固 （3）关上行李舱盖	
5	检查加油口盖	（1）检查加油口盖是否变形、损坏 （2）检查密封情况 （3）检查扭矩限制器 （4）检查连接情况	

续表

序号	作业内容	操作步骤	操作要点
6	检查悬架	（1）检查车辆是否倾斜 （2）检查减振器的阻尼状况	
7	5S	（1）收回内三件套 （2）升起车窗玻璃 （3）取出钥匙 （4）关闭车门 （5）清洁场地	

教师（签章）：

二、实施作业并填写作业单

作业单

任务名称					

班 级		学 号		姓 名	
地 点		日 期			

序号	作业内容	检查结果	备 注
1	准备工作	□正　常 □不正常	
2	检查车门	□正　常 □不正常	
3	检查发动机舱盖	□正　常 □不正常	

续表

序号	作业内容	检查结果	备 注
4	检查行李舱盖	□正 常 □不正常	
5	检查加油口盖	□正 常 □不正常	
6	检查悬架	□正 常 □不正常	
7.	5S	□正 常 □不正常	

三、完成作业后，请填写评价表

评价表

项 目	评价指标	自 评	互 评
工作任务	认识作业要求	□合 格 □不合格	□合 格 □不合格
	按要求完成作业	□合 格 □不合格	□合 格 □不合格
	作业单填写完整	□合 格 □不合格	□合 格 □不合格
职业素养	工作服整洁	□合 格 □不合格	□合 格 □不合格
	正确查阅维修资料和学习材料	□合 格 □不合格	□合 格 □不合格
	合作默契，交流顺畅	□合 格 □不合格	□合 格 □不合格

个人反思			
教师评价	教师签字： 日　　期：	成　　绩	
		□合　格	□不合格

任务名称：**检查油液**

班级＿＿＿＿＿姓名＿＿＿＿＿＿学号＿＿＿

一、实施作业前，请回答如下问题

1. 本次作业，要检查如下液体：

A. 喷洗液　　　　　　B. 发动机油　　　　　C. 制动液

D. 冷却液　　　　　　E. 助力转向液　　　　F. 电瓶水

G. 自动变速器液　　　H. 燃油

2. 在检查各种液体时，哪些应该起动发动机：

A. 喷洗液　　　　　　B. 发动机油　　　　　C. 制动液

D. 冷却液　　　　　　E. 助力转向液　　　　F. 电瓶水

G. 自动变速器液　　　H. 燃油

3. 喷洗液不足可能会导致＿＿＿＿＿＿＿＿＿。

4. 冷却液的作用有＿＿＿＿＿＿＿＿＿＿＿＿＿＿＿。

5. 填写本任务的操作要点。

序号	作业内容	操作步骤	操作要点
1	准备工作	（1）安放车轮挡块 （2）解锁车门 （3）释放发动机罩 （4）关闭车门 （5）支撑发动机罩 （6）安放外三件套	
2	检查油液	（1）检查喷洗液 （2）检查冷却液 （3）检查机油	

续表

序号	作业内容	操作步骤	操作要点
2	检查油液	（4）检查制动液 （5）检查助力转向液	
3	5S	（1）收回外三件套 （2）放下发动机罩 （3）清洁整理场地	

教师（签章）：

二、实施作业并填写作业单

作业单

任务名称					
班　级		学　号		姓　名	
地　点		日　期			

序号	作业内容	检查结果	备　注
1	准备工作	□正　常 □不正常	
2	检查油液	□正　常 □不正常	
3	5S	□正　常 □不正常	

三、完成作业后，请填写评价表

评价表

项　　目	评价指标	自　评	互　评
工作任务	认识作业要求	□合　格 □不合格	□合　格 □不合格
工作任务	按要求完成作业	□合　格 □不合格	□合　格 □不合格
工作任务	作业单填写完整	□合　格 □不合格	□合　格 □不合格
职业素养	工作服整洁	□合　格 □不合格	□合　格 □不合格
职业素养	正确查阅维修资料和学习材料	□合　格 □不合格	□合　格 □不合格
职业素养	合作默契，交流顺畅	□合　格 □不合格	□合　格 □不合格
个人反思			
教师评价	教师签字： 日　　期：	成　　绩	
教师评价		□合　格	□不合格

任务名称：**检查蓄电池**

班级_____姓名_____学号____

一、实施作业前，请回答如下问题

1．蓄电池的电解液俗称"电瓶水"，它的成分是：

　　A．硝酸和水　　　　　　B．盐酸和水　　　　　　C．硫酸和水

2．电瓶水有强烈的腐蚀性，绝对不能让其接触：

　　A．皮肤　　　　　　　　B．车辆　　　　　　　　C．密度计

3．检查蓄电池时，如下物体不能同时接触正负电极：

　　A．双手　　　　　　　　B．扳手　　　　　　　　C．衣服

4．长期使用的蓄电池会出现老化损伤，其检查内容包括：

　　（1）_____；

　　（2）_____；

　　（3）_____。

5．填写本任务的操作要点。

序号	作业内容	操作步骤	操作要点
1	准备工作	（1）安放车轮挡块 （2）解锁车辆 （3）拉动发动机舱盖释放拉手 （4）打开并支撑发动机罩 （5）安放外三件套	
2	检查蓄电池	（1）检查电解液液位 （2）检查蓄电池是否有裂纹和渗漏 （3）检查蓄电池极桩是否被腐蚀 （4）检查蓄电池极桩接头是否松动	

续表

序号	作业内容	操作步骤	操作要点
2	检查蓄电池	（5）检查蓄电池通风孔是否被堵塞 （6）检查蓄电池电解液密度 （7）观察蓄电池电量指示窗	
3	5S	（1）恢复蓄电池和车辆原始状态 （2）清洁整理工具和场地	

教师（签章）：

二、实施作业并填写作业单

作业单

任务名称			
班　级		学　号	姓　名
地　点		日　期	

序号	作业内容	检查结果	备　注
1	准备工作	□正　常 □不正常	
2	检查蓄电池	□正　常 □不正常	电解液密度：
3	5S	□正　常 □不正常	

三、完成作业后，请填写评价表

评价表

项　　目	评价指标	自　评	互　评
工作任务	认识作业要求	□合　格 □不合格	□合　格 □不合格
	按要求完成作业	□合　格 □不合格	□合　格 □不合格
	作业单填写完整	□合　格 □不合格	□合　格 □不合格
职业素养	工作服整洁	□合　格 □不合格	□合　格 □不合格
	正确查阅维修资料和学习材料	□合　格 □不合格	□合　格 □不合格
	合作默契，交流顺畅	□合　格 □不合格	□合　格 □不合格
个人反思			
教师评价	教师签字： 日　　期：	成　　绩	
		□合　格	□不合格

任务名称：**检查火花塞**

班级_____姓名_____学号____

一、实施作业前，请回答如下问题

1. 在检查火花塞时，要避免：

    A．火花塞套筒掉入发动机内部　　　B．火花塞撞击汽缸盖

    C．灰尘进入燃烧室　　　　　　　　D．火花塞掉落

2. 火花塞的功用：

    A．产生火花点燃混合气　　　　　　B．产生火花点燃汽油

    C．产生火花点燃柴油

3. 火花塞不及时更换，会造成：

    A．燃油经济性下降　　　　　　　　B．动力性能下降

    C．制动性能下降　　　　　　　　　D．越野性能下降

4. 如果操作不当，更换火花塞最有可能发生损伤：

    A．汽缸盖螺纹　　　　　B．火花塞螺纹　　　　　C．汽缸体螺纹

5. 通常火花塞的使用寿命为_____km，长效火花塞的使用寿命为_____km。安装火花塞，紧固力矩为_____。

6. 填写本任务的操作要点。

序号	作业内容	操作步骤	操作要点
1	准备工作	（1）安放车轮挡块 （2）解锁车门 （3）释放发动机罩 （4）关闭车门 （5）支撑发动机罩 （6）安放外三件套	

序号	作业内容	操作步骤	操作要点
2	拆卸火花塞	（1）拔下点火线圈插头 （2）拆下点火线圈总成固定螺母 （3）拆卸火花塞 （4）取出火花塞	
3	检查火花塞	（1）检查火花塞是否磨损或松动 （2）检查火花塞是否被腐蚀或锈蚀 （3）检查火花塞是否有裂纹 （4）检查火花塞螺纹是否损伤 （5）检查火花塞密封圈是否损伤	
4	测量火花塞间隙	测量火花塞间隙	
5	安装火花塞	（1）安装火花塞 （2）安装点火线圈总成固定螺母 （3）接上点火线圈插头	
6	5S	（1）收回外三件套 （2）放下发动机罩 （3）清洁整理工具及场地	

教师（签章）：

二、实施作业并填写作业单

作业单

任务名称					
班　级		学　号		姓　名	
地　点			日　期		

序号	作业内容	检查结果	备　注
1	准备工作	□正　常 □不正常	
2	拆卸火花塞	□正　常 □不正常	
3	检查火花塞	□正　常 □不正常	
4	测量火花塞间隙	□正　常 □不正常	火花塞间隙：
5	安装火花塞	□正　常 □不正常	
6	5S	□正　常 □不正常	

三、完成作业后，请填写评价表

评价表

项　目	评价指标	自　评	互　评
工作任务	认识作业要求	□合　格 □不合格	□合　格 □不合格

项　目	评价指标	自　评	互　评
工作任务	按要求完成作业	□合　格 □不合格	□合　格 □不合格
职业素养	作业单填写完整	□合　格 □不合格	□合　格 □不合格
	工作服整洁	□合　格 □不合格	□合　格 □不合格
	正确查阅维修资料和学习材料	□合　格 □不合格	□合　格 □不合格
个人反思			
教师评价	教师签字： 日　　期：	成绩	
		□合　格 □不合格	□合　格 □不合格

任务名称：**检查灯光**

　　　　　　　　　　　　班级_____姓名_____学号____

一、实施作业前，请回答如下问题

1．一般情况下，本次作业需要：

　　A．单独完成　　　　　B．两人合作完成

2．检查灯光时是否要起动发动机？

　　A．是　　　　　　　B．否

3．请在图标下标注其名称。

4．填写本任务的操作要点。

序号	作业内容	操作步骤	操作要点
1	准备工作	（1）安放车轮挡块 （2）解锁车辆 （3）安放内三件套	
2	检查组合仪表指示灯	（1）置点火开关于"ON"挡 （2）观察制动系统警告灯是否点亮 （3）观察座椅安全带指示灯是否点亮 （4）观察充放电指示灯是否点亮 （5）观察发动机故障指示灯是否点亮 （6）观察燃油指示灯是否点亮 （7）观察发动机机油指示灯是否点亮 （8）观察 ABS 警告灯是否点亮 （9）观察车门指示灯是否点亮 （10）观察安全气囊指示灯是否点亮 （11）起动发动机 （12）观察上述所有指示灯（警告灯）是否熄灭 （13）关闭发动机	
3	检查灯光	（1）置点火开关于"ON"挡 （2）检查仪表灯是否点亮 （3）检查示宽灯是否点亮 （4）检查近光灯是否点亮 （5）检查远光灯是否点亮 （6）检查前照灯是否可以变光 （7）检查前危险信号灯是否点亮 （8）检查前左右转向灯是否点亮 （9）检查前雾灯是否点亮	

序号	作业内容	操作步骤	操作要点
3	检查灯光	（10）检查后左右转向灯是否点亮 （11）检查尾灯是否点亮 （12）检查后雾灯是否点亮 （13）检查牌照灯是否点亮 （14）检查制动灯是否点亮 （15）检查倒车灯是否点亮 （16）检查后危险信号灯是否点亮 （17）检查顶灯是否点亮	
4	5S	（1）收回内三件套 （2）锁门 （3）移走车轮挡块 （4）清洁场地	

教师（签章）：

二、实施作业并填写作业单

作业单

任务名称					
班　级		学　号		姓　名	
地　点			日　期		
序号	作业内容		检查结果	备　注	
1	准备工作		□正　常 □不正常		

序号	作业内容	检查结果	备 注
2	检查组合仪表指示灯	□正 常 □不正常	
3	检查灯光	□正 常 □不正常	
4	5S	□正 常 □不正常	

三、完成作业后，请填写评价表

评价表

项 目	评价指标	自 评	互 评
工作任务	认识作业要求	□合 格 □不合格	□合 格 □不合格
	按要求完成作业	□合 格 □不合格	□合 格 □不合格
	作业单填写完整	□合 格 □不合格	□合 格 □不合格
职业素养	工作服整洁	□合 格 □不合格	□合 格 □不合格
	正确查阅维修资料和学习材料	□合 格 □不合格	□合 格 □不合格
	合作默契，交流顺畅	□合 格 □不合格	□合 格 □不合格
个人反思			

教师评价	教师签字： 日　　期：	成　　绩	
		□合　格	□不合格

任务名称：**检查喷水器和刮水器**

班级_____姓名_____学号____

一、实施作业前，请回答如下问题

1．你知道汽车的喷水器和刮水器在什么位置吗？

　　A．不知道　　　B．知道

2．喷水器及刮水器的作用是_____。

3．认识刮水器多功能开关的挡位，并填写下表。

刮水器多功能开关挡位名称	位置（作用）
OFF	
INT	
LO	
HI	

4．冬季检查刮水器要注意_____。

5．填写本任务的操作要点。

序号	作业内容	操作步骤	操作要点
1	准备工作	（1）安放车轮挡块 （2）解锁车辆 （3）安放内三件套 （4）挂空挡，拉手刹 （5）起动发动机 （6）降下左车窗玻璃	
2	检查喷洗器	（1）拨动喷洗器多功能开关 （2）检查喷洗器是否喷水	

续表

序号	作业内容	操作步骤	操作要点
2	检查喷洗器	（3）检查喷洗器的喷射位置 （4）调整喷洗器的喷射位置（需要调整时才做）	
3	检查刮水器	（1）检查手动挡 （2）检查停止挡 （3）检查间歇挡 （4）检查慢速挡 （5）检查快速挡 （6）检查刮水效果、刮水痕迹	
4	结束工作	（1）升起车窗 （2）关闭发动机 （3）收起三件套 （4）清洁和整理	

教师（签章）：

二、实施作业并填写作业单

作业单

任务名称					
班 级		学 号		姓 名	
地 点			日 期		

序号	作业内容	检查结果	备 注
1	准备工作	□正 常 □不正常	

序号	作业内容	检查结果	备　注
2	检查喷洗器	□正　常 □不正常	
3	检查刮水器	□正　常 □不正常	
4	结束工作	□正　常 □不正常	

三、完成作业后，请填写评价表

评价表

项　目	评价指标	自　评	互　评
工作任务	认识作业要求	□合　格 □不合格	□合　格 □不合格
	按要求完成作业	□合　格 □不合格	□合　格 □不合格
	作业单填写完整	□合　格 □不合格	□合　格 □不合格
职业素养	工作服整洁	□合　格 □不合格	□合　格 □不合格
	正确查阅维修资料和学习材料	□合　格 □不合格	□合　格 □不合格
	合作默契，交流顺畅	□合　格 □不合格	□合　格 □不合格
个人反思			
教师评价	教师签字： 日　期：	成　绩	
		□合　格	□不合格

任务名称：**检查转向盘和喇叭**

班级_____姓名_____学号____

一、实施作业前，请回答如下问题

1．本任务要学会检查转向盘的_____和喇叭的_____。

2．转向盘自由行程是指不使转向轮发生偏转而转向盘所能转过的_____。它的作用就是防止_____发生过大偏转。

3．检查转向盘松动情况时点火开关应置于_____，保持转向盘不锁定和可自由_____。

4．检查喇叭时点火开关应置于_____。

5．方向盘和转向盘是一回事吗？

　　A．是　　　　B．不是

6．检查转向器的助力功能时，是否要起动发动机？

　　A．要　　　　B．不要

7．填写本任务的操作要点。

序号	作业内容	操作步骤	操作要点
1	准备工作	（1）安放车轮挡块 （2）解锁车辆 （3）降下前左车窗 （4）安放内三件套	
2	检查转向盘自由行程	（1）起动发动机 （2）转动转向盘 （3）在转向盘上做一记号 （4）把直尺放在记号旁 （5）轻轻转动转向盘，记录记号的移动量	

序号	作业内容	操作步骤	操作要点
3	检查转向盘松动情况	（1）握住转向盘上下位置 （2）拉动和晃动转向盘 （3）握住转向盘左右位置 （4）拉动和晃动转向盘 （5）检查方向盘的高低位是否正常	
4	检查喇叭	（1）检查喇叭音量、音调是否稳定 （2）将点火开关置于"ON"挡 （3）按中间位置按钮 （4）左转方向盘，按左按钮 （5）右转方向盘，按右按钮 （6）将方向盘转至中间位置，按下按钮	
5	5S	（1）收起驾驶室内三件套 （2）升起车窗玻璃 （3）清洁和整理	

教师（签章）：

二、实施作业并填写作业单

作业单

任务名称					
班　级		学　号		姓　名	
地　点			日　期		

序号	作业内容	检查结果	备　注
1	准备工作	☐正　常 ☐不正常	
2	检查转向盘自由行程	☐正　常 ☐不正常	自由行程：
3	检查转向盘松动情况	☐正　常 ☐不正常	
4	检查喇叭	☐正　常 ☐不正常	
5	5S	☐正　常 ☐不正常	

三、完成作业后，请填写评价表

评价表

项　目	评价指标	自　评	互　评
工作任务	认识作业要求	☐合　格 ☐不合格	☐合　格 ☐不合格

项　　目	评价指标	自　评	互　评
工作任务	按要求完成作业	□合　格 □不合格	□合　格 □不合格
	作业单填写完整	□合　格 □不合格	□合　格 □不合格
职业素养	工作服整洁	□合　格 □不合格	□合　格 □不合格
	正确查阅维修资料和学习材料	□合　格 □不合格	□合　格 □不合格
	合作默契，交流顺畅	□合　格 □不合格	□合　格 □不合格
个人反思			
教师评价	教师签字： 日　　期：	成　　绩	
		□合　格	□不合格

任务名称：**检查制动踏板和驻车制动器**

　　　　　　　　　　　　　　班级_____姓名_____学号____

一、实施作业前，请回答如下问题

1. 本任务的工作目标：学会检测_____的工作情况和_____的工作情况。

2. 在完成本任务时，起动发动机前应该将挡位置于_____，同时拉起_____，防止起动发动机时车辆行驶。

3. 驻车制动器的操纵杆也叫手制动或手刹，它的功用是：

（1）_____；

（2）_____。

4. 有效行程和自由行程各是什么意思？

5. 填写本任务的操作要点。

序号	作业内容	操作步骤	操作要点
1	准备工作	（1）安放车轮挡块 （2）解锁车辆 （3）降下左前窗玻璃 （4）安放三件套	
2	检查制动踏板气密性	连续踩踏板数次（越踩踏板越高）	
3	检查制动踏板真空功能	（1）起动发动机 （2）连续踩踏板数次（踏板高度不变）	

序号	作业内容	操作步骤	操作要点
4	检查制动踏板的工作情况	（1）运转发动机 （2）踩下制动踏板（有下沉感）	
5	检查制动踏板的应用状况	（1）运转发动机 （2）连续踩踏板数次（无松动、异响，反应好，可完全踩下）	
6	测量制动踏板高度	（1）关闭点火开关 （2）测量制动踏板自然状态下的高度（L_1）	
7	检测制动踏板自由行程和有效行程	（1）运转发动机数分钟后关闭 （2）轻轻按踏板，检测刹车灯亮时制动踏板的高度（L_2） （3）检测行程余量（L_3） （4）自由行程 $S_1=L_2-L_1$，有效行程 $S_2=L_2-L_3$	
8	检测驻车制动器	（1）拉起驻车制动杆（响 6~9 次） （2）观察指示灯是否点亮	
9	5S	（1）收起驾驶室内三件套 （2）升起车窗玻璃 （3）清洁和整理	

教师（签章）：

二、实施作业并填写作业单

作业单

任务名称					
班 级		学 号		姓 名	
地 点		日 期			

序号	作业内容	检查结果	备 注
1	准备工作	□正 常 □不正常	
2	检查制动踏板气密性	□正 常 □不正常	
3	检查制动踏板真空功能	□正 常 □不正常	
4	检查制动踏板的工作情况	□正 常 □不正常	
5	检查制动踏板的应用状况	□正 常 □不正常	
6	测量制动踏板高度	□正 常 □不正常	$L_1=$ $L_2=$ $L_3=$ $S_1=$ $S_2=$
7	检测制动踏板自由行程和有效行程	□正 常 □不正常	
8	检测驻车制动器	□正 常 □不正常	响 次
9	5S	□正 常 □不正常	

三、完成作业后，请填写评价表

评价表

项　　目	评价指标	自　评	互　评
工作任务	认识作业要求	□合　格 □不合格	□合　格 □不合格
	按要求完成作业	□合　格 □不合格	□合　格 □不合格
	作业单填写完整	□合　格 □不合格	□合　格 □不合格
职业素养	工作服整洁	□合　格 □不合格	□合　格 □不合格
	正确查阅维修资料和学习材料	□合　格 □不合格	□合　格 □不合格
	合作默契，交流顺畅	□合　格 □不合格	□合　格 □不合格
个人反思			
教师评价	教师签字： 日　　期：	成　　绩	
		□合　格	□不合格

任务名称：**检查座椅和安全带**

班级_____姓名_____学号_____

一、实施作业前，请回答如下问题

1. 本任务的工作目标是：

　　（1）学会检查_____的工作情况；

　　（2）学会检查 _____的工作情况；

　　（3）学会查阅资料。

2. 检测安全带时拉动要_____，共需要拉动_____次。

3. 填写本任务的操作要点。

序号	作业内容	操作步骤	操作要点
1	准备工作	（1）安放汽车垫块 （2）解锁车门 （3）安放内三件套	
2	检查座椅螺栓和螺母	（1）双手前后左右扳动座椅 （2）观察和转动座椅螺栓和螺母	
3	检查座椅移动情况	扳动座椅移动杆，移动座椅	
4	检查座椅靠背摆动情况	（1）扳动座椅靠背摆动杆 （2）摆动座椅靠背	
5	检查安全带锁紧器	握住安全带一端，然后瞬间拉动安全带	
6	检查安全带锁扣	将安全带锁舌插入锁扣中，观察安全带指示灯是否熄灭	

序号	作业内容	操作步骤	操作要点
7	检查安全带锁紧情况	快速用力拉动被锁住的安全带	
8	5S	（1）取下内三件套 （2）清洁整理场地	

教师（签章）：

二、实施作业并填写作业单

任务名称					
班　级		学　号		姓　名	
地　点			日　期		

序号	作业内容	检查结果	备　注
1	准备工作	□正　常 □不正常	
2	检查座椅螺栓和螺母	□正　常 □不正常	
3	检查座椅移动情况	□正　常 □不正常	
4	检查座椅靠背摆动情况	□正　常 □不正常	
5	检查安全带锁紧器	□正　常 □不正常	
6	检查安全带锁扣	□正　常 □不正常	

序号	作业内容	检查结果	备 注
7	检查安全带锁紧情况	□正 常 □不正常	
8	5S	□正 常 □不正常	

三、完成作业后，请填写评价表

项 目	评价指标	自 评	互 评
工作任务	认识作业要求	□合 格 □不合格	□合 格 □不合格
	按要求完成作业	□合 格 □不合格	□合 格 □不合格
	作业单填写完整	□合 格 □不合格	□合 格 □不合格
职业素养	工作服整洁	□合 格 □不合格	□合 格 □不合格
	正确查阅维修资料和学习材料	□合 格 □不合格	□合 格 □不合格
	合作默契，交流顺畅	□合 格 □不合格	□合 格 □不合格
个人反思			
教师评价	教师签字： 日 期：	成 绩	
		□合 格	□不合格

任务名称：**更换发动机机油和机油滤清器**

班级_____姓名_____学号_____

一、实施作业前，请回答如下问题

1. 在更换机油时，是否可以不更换机油滤清器？

　　A．是　　　　　　B．否

2. 更换完发动机机油后，还需要检查油封、排放塞是否漏油吗？

　　A．是　　　　　　B．否

3. 机油排放塞垫片是否可以重复使用？

　　A．是　　　　　　B．否

4. 紧固机油排放塞的力矩是_____。

5. 填写本任务的操作要点。

序号	作业内容	操作步骤	操作要点
1	准备工作	（1）检查工具 （2）检查工位 （3）检查举升机 （4）安放三件套 （5）挂空挡，拉手刹，拉起发动机盖释放拉手 （6）放置前格栅布、翼子板布 （7）检查发动机机油液位	
2	检查空气滤清器	（1）打开空气滤清器盒，取出空气滤清器滤芯 （2）检查空气滤清器是否清洁	
3	松开机油加注口盖	拧开机油加注口盖	

序号	作业内容	操作步骤	操作要点
4	举升车辆	（按举升机的操作规程）	
5	检查发动机是否漏油	（1）检查发动机油底壳是否漏油 （2）检查油封是否漏油 （3）检查放油螺栓是否漏油	
6	拆卸放油螺栓	（1）把机油收集器移到油底壳下 （2）拧出放油螺栓，放机油	
7	更换机油滤清器	（1）使用专用工具松开机油滤清器 （2）取下机油滤清器 （3）取出新的机油滤清器，在其密封垫圈上涂抹新的专用机油 （4）安装机油滤清器 （5）使用专用工具拧紧机油滤清器 （6）清洁机油滤清器	
8	安装机油放油螺栓	（1）清洁放油螺栓并更换新的垫片 （2）清洁放油螺栓孔，安装放油螺栓 （3）紧固放油螺栓 （4）移走机油收集器 （5）清洁工作场地	
9	下降车辆	下降车辆到最低位置	

序号	作业内容	操作步骤	操作要点
10	加注机油	（1）取下机油加注口盖 （2）加注专用机油 （3）拧紧机油加注口盖	
11	发动机运转检查	（1）起动发动机 （2）举升车辆到最高位置 （3）检查油底壳放油螺栓与机油滤清器是否漏油 （4）下降举升机至最低位置 （5）移走举升臂 （6）关闭发动机 （7）检查机油液位	
12	结束工作	（1）清洁工作场地 （2）清洁工具 （3）工具车归位 （4）交车	

6. 更换机油要注意什么安全事项？

7. 你的顾客需要更换机油，你怎么知道要换什么机油？

教师（签章）：

二、实施作业并填写作业单

任务名称						
班 级		学 号			姓 名	
地 点			日 期			
序号	作业内容		检查结果		备 注	
1	准备工作		□正　常 □不正常			
2	检查空气滤清器		□正　常 □不正常			
3	松开机油加注口盖		□正　常 □不正常			
4	举升车辆		□正　常 □不正常			
5	检查发动机是否漏油		□正　常 □不正常			
6	拆卸放油螺栓		□正　常 □不正常			

序号	作业内容	检查结果	备　注
7	更换机油滤清器	□正　常 □不正常	
8	安装机油放油螺栓	□正　常 □不正常	
9	下降车辆	□正　常 □不正常	
10	加注机油	□正　常 □不正常	
11	发动机运转检查	□正　常 □不正常	
12	结束工作	□正　常 □不正常	

三、完成作业后，请填写评价表

项　目	评价指标	自　评	互　评
工作任务	认识作业要求	□合　格 □不合格	□合　格 □不合格
	按要求完成作业	□合　格 □不合格	□合　格 □不合格
	作业单填写完整	□合　格 □不合格	□合　格 □不合格
职业素养	工作服整洁	□合　格 □不合格	□合　格 □不合格

续表

项　目	评价指标	自　评	互　评
职业素养	正确查阅维修资料和学习材料	□合　格 □不合格	□合　格 □不合格
	合作默契，交流顺畅	□合　格 □不合格	□合　格 □不合格
个人反思			
教师评价	教师签字： 日　　期：	成　绩	
		□合　格	□不合格

任务名称：检查底盘紧固件

班级_____姓名_____学号_____

一、实施作业前，请回答如下问题

1. 属于汽车底盘的部件有：

    A．车轮　　　　　B．制动器　　　　C．发动机　　　　D．悬架

    E．减振器　　　　F．蓄电池　　　　G．转向拉杆

2. 如果底盘的紧固件松动或脱落，有可能发生：

    A．制动失灵　　　B．转向失灵　　　C．传动失灵　　　D．振动剧烈

    E．火灾　　　　　F．车祸

3. 检查底盘紧固件时，要使用：

    A．力矩扳手　　　B．梅花扳手　　　C．内六角扳手　　D．活动扳手

    E．风动扳手　　　F．电动扳手　　　G．呆扳手

4. 在完成本任务时，要严格执行_____，操作中要及时清除地面的_____和_____；用预置式扭矩扳手检查紧固件时，不允许出现_____动作，防止车辆_____。

5. 填写本任务的操作要点。

序号	作业内容	操作步骤	操作要点
1	准备工作	（1）举升车辆 （2）选择工具	
2	检查车辆底盘紧固件	（1）检查前下悬架臂和前悬架横梁紧固件 （2）检查下球节和前下悬架臂紧固件 （3）检查前悬架横梁和车身紧固件	

续表

序号	作业内容	操作步骤	操作要点
2	检查车辆底盘紧固件	（4）检查前制动卡钳和转向节紧固件 （5）检查前减振器和转向节紧固件 （6）检查稳定杆连杆和前减振器紧固件 （7）检查稳定杆和稳定杆连杆紧固件 （8）检查前悬架横梁横支架和前悬架横梁紧固件 （9）检查前悬架横梁后支架和车身紧固件 （10）检查前悬架横梁加强件固定螺栓 （11）检查横拉杆端头锁止螺母 （12）检查横拉杆端头和转向节紧固件 （13）检查转向机壳和前横梁紧固件 （14）检查后横梁总成和车身紧固件 （15）检查制动轮缸和背板紧固件 （16）检查后减振器和后横梁紧固件 （17）检查排气管紧固件 （18）检查燃油箱紧固件	

续表

序号	作业内容	操作步骤	操作要点
3	5S	（1）清洁场地 （2）降下车辆 （3）安放车轮挡块 （4）整理工具	

教师（签章）：

二、实施作业并填写作业单

作业单

任务名称					
班　　级		学　号		姓　名	
地　　点			日　期		

序号	作业内容	检查结果	备　注
1	准备工作	□正　常 □不正常	
2	检查车辆底盘紧固件	□正　常 □不正常	
3	5S	□正　常 □不正常	

三、完成作业后，请填写评价表

评价表

项　　目	评价指标	自　评	互　评
工作任务	认识作业要求	□合　格 □不合格	□合　格 □不合格
工作任务	按要求完成作业	□合　格 □不合格	□合　格 □不合格
工作任务	作业单填写完整	□合　格 □不合格	□合　格 □不合格
职业素养	工作服整洁	□合　格 □不合格	□合　格 □不合格
职业素养	正确查阅维修资料和学习材料	□合　格 □不合格	□合　格 □不合格
职业素养	合作默契，交流顺畅	□合　格 □不合格	□合　格 □不合格
个人反思			
教师评价	教师签字： 日　　期：	成　　绩	
教师评价		□合　格	□不合格

汽车维护项目任务书　　　　　　　　　任务编号：14

任务名称：**检查底盘状况**

班级＿＿＿＿＿　姓名＿＿＿＿＿　学号＿＿＿＿＿

一、实施作业前，请回答如下问题

1．汽车底盘由＿＿＿＿＿系、＿＿＿＿＿系、＿＿＿＿＿系、＿＿＿＿＿系组成。

2．俗话说烂车先＿＿＿＿，通常导致底盘损坏的原因有：

　　（1）＿＿＿＿＿＿＿＿＿＿＿＿＿＿＿＿＿＿＿；

　　（2）＿＿＿＿＿＿＿＿＿＿＿＿＿＿＿＿＿＿＿。

3．汽车底盘损坏会影响汽车的：

　　A．安全性　　　　　B．经济性　　　　　C．操作性

　　D．动力性　　　　　E．美观　　　　　　F．舒适性

4．在完成本任务时：

　　（1）要严格执行举升机操作规范，同伴之间要大声互相＿＿＿＿＿＿＿；

　　（2）操作中要及时清除地面的＿＿＿＿＿＿＿和＿＿＿＿＿＿＿；

　　（3）检查传动带时不能戴＿＿＿＿＿＿＿，检查排气管等底盘零件时要戴＿＿＿＿＿＿＿。

5．填写本任务的操作要点。

序号	作业内容	操作步骤	操作要点（不是每一步都有）
1	检查发动机	(1)检查发动机各区域接触面是否漏油 (2)检查油封是否漏油 (3)检查机油排放塞是否漏油	
2	检查自动变速器	(1)检查自动变速器各区域接触面是否漏油 (2)检查油封是否漏油	

序号	作业内容	操作步骤	操作要点（不是每一步都有）
2	检查自动变速器	（3）检查自动变速器加油塞和排放塞是否漏油	
3	检查传动带	（1）检查传动带表面是否损坏 （2）检查传动带的安装状况	
4	检查驱动轴护套	（1）检查驱动轴外侧护套是否损坏、是否泄漏 （2）检查内侧护套	
5	检查转向连接机构	（1）检查转向连接机构是否松动和摇摆 （2）检查转向连接机构是否变形和损坏 （3）检查转向连接机构的防尘套是否损坏	
6	检查前减振器和螺旋弹簧	（1）检查前减振器和螺旋弹簧是否损坏和泄漏 （2）检查前螺旋弹簧是否损坏	
7	检查转向节		
8	检查前悬架下臂		
9	检查拖臂后桥		

序号	作业内容	操作步骤	操作要点（不是每一步都有）
10	检查后减振器和螺旋弹簧	（1）检查后减振器和螺旋弹簧是否损坏和泄漏 （2）检查后螺旋弹簧是否损坏	
11	检查制动管路软管	（1）检查前轮制动管路软管是否损坏和泄漏 （2）检查前轮制动管路软管安装是否良好 （3）检查后轮制动管路软管是否损坏和泄漏	
12	检查燃油管路	（1）检查燃油管路是否有压痕、损坏、变形、泄漏 （2）检查燃油管路安装是否良好	
13	检查排气管和安装件	（1）检查排气管是否损坏和泄漏 （2）检查消声器是否损坏 （3）检查排气管吊耳是否损坏或脱落 （4）检查密封垫片是否损坏	
14	清洁作业现场		

教师（签章）：

二、实施作业并填写作业单

作业单

任务名称					
班　级		学　号		姓　名	
地　点		日　期			

序号	作业内容	检查结果	备　注
1	检查发动机	□正　常 □不正常	
2	检查自动变速器	□正　常 □不正常	
3	检查传动带	□正　常 □不正常	
4	检查驱动轴护套	□正　常 □不正常	
5	检查转向连接机构	□正　常 □不正常	
6	检查前减振器和螺旋弹簧	□正　常 □不正常	
7	检查转向节	□正　常 □不正常	
8	检查前悬架下臂	□正　常 □不正常	
9	检查拖臂后桥	□正　常 □不正常	

序号	作业内容	检查结果	备 注
10	检查后减振器和螺旋弹簧	□正　常 □不正常	
11	检查制动管路软管	□正　常 □不正常	
12	检查燃油管路	□正　常 □不正常	
13	检查排气管和安装件	□正　常 □不正常	
14	清洁作业现场	□正　常 □不正常	

三、完成作业后，请填写评价表

评价表

项　目	评价指标	自　评	互　评
工作任务	认识作业要求	□合　格 □不合格	□合　格 □不合格
	按要求完成作业	□合　格 □不合格	□合　格 □不合格
	作业单填写完整	□合　格 □不合格	□合　格 □不合格
职业素养	工作服整洁	□合　格 □不合格	□合　格 □不合格
	正确查阅维修资料和学习材料	□合　格 □不合格	□合　格 □不合格

项　目	评价指标	自　评	互　评
职业素养	合作默契，交流顺畅	□合　格 □不合格	□合　格 □不合格
个人反思			
教师评价	教师签字： 日　　期：	成　　绩	
		□合　格	□不合格

任务名称：**检查车轮**

班级_____姓名_____学号_____

一、实施作业前，请回答如下问题

1. 判断题。

　　（1）检查车轮轴承时要戴手套。（　　　）

　　（2）使用风动扳手时要戴手套。（　　　）

　　（3）检查轮胎时要戴手套。（　　　）

　　（4）拆装轮胎时，拆卸轮毂螺母按顺时针或逆时针方向逐个拆卸。（　　　）

　　（5）深度规使用前要校零。（　　　）

2. 填空题。

　　（1）检查车轮轴承时，车辆举升高度为_____。转动车轮检查轴承和_____。

　　（2）检查风动扳手时，先检查风动扳手的_____，再安装风动扳手_____。

　　（3）检查轴承有无摆动时，操作者双手分别放在_____，用力_____车轮看有无摆动。

　　（4）轮胎的检查内容包括_____、_____、_____、_____、_____。

　　（5）紧固轮毂螺母的力矩是_____。

3. 检查车轮时可能会发生什么危险？如何防范？

4．你准备如何完成本任务（方法、资源、时间）？

5．填写本任务的操作要点。

序号	作业内容	操作步骤	操作要点
1	检查车轮轴承	（1）举升车辆 （2）检查轴承有无摆动 （3）检查轴承有无转动噪声	
2	拆卸车轮	（1）连接风炮和气管 （2）检查风动扳手力矩 （3）检查风炮旋向 （4）安装风炮套筒 （5）拆卸轮毂螺母 （6）取下车轮放至车轮拆装托架	
3	检查车胎	（1）检查轮胎胎面是否异常磨损 （2）检查轮胎是否嵌入异物 （3）检查轮辋是否损坏或腐蚀 （4）检查轮胎是否异常 （5）测量轮胎的胎纹深度 （6）检查轮胎气压 （7）检查轮胎是否漏气	

序号	作业内容	操作步骤	操作要点
4	安装车轮	（1）临时安装车轮 （2）预紧轮毂螺母 （3）下降车辆 （4）调整力矩扳手 （5）检查力矩扳手旋向 （6）安装连接杆、套筒和扳手 （7）紧固车轮	

教师（签章）：

二、实施作业并填写作业单

作业单

任务名称					
班　级		学　号		姓　名	
地　点		日　期			

序号	作业内容	检查结果	备　注
1	检查车轮轴承	□正　常 □不正常	
2	拆卸车轮	□正　常 □不正常	
3	检查车胎	□正　常 □不正常	胎纹深度： 胎　压：
4	安装车轮	□正　常 □不正常	

三、完成作业后，请填写评价表

评价表

项　目	评价指标	自　评	互　评
工作任务	认识作业要求	□合　格 □不合格	□合　格 □不合格
	按要求完成作业	□合　格 □不合格	□合　格 □不合格
	作业单填写完整	□合　格 □不合格	□合　格 □不合格
职业素养	工作服整洁	□合　格 □不合格	□合　格 □不合格
	正确查阅维修资料和学习材料	□合　格 □不合格	□合　格 □不合格
	合作默契，交流顺畅	□合　格 □不合格	□合　格 □不合格
个人反思			
教师评价	教师签字： 日　　期：	成　　绩	
		合　格	不合格

任务名称：**检查盘式制动器**

班级＿＿＿＿＿姓名＿＿＿＿＿学号＿＿＿＿＿

一、实施作业前，请回答如下问题

1．操作前要安装三件套，将变速杆置于＿＿＿＿＿＿，释放＿＿＿＿＿＿＿＿＿。

2．你使用过举升机和拆卸过车轮吗？如果没有，请学习举升机操作规范和车轮的拆卸方法。

3．检查盘式制动器有危险吗？如果有，你准备如何防范？

4．你会使用百分表和千分尺吗？如果不会，请学习百分表和千分尺的使用方法。

5. 填写本任务的操作要点。

序号	作业内容	操作步骤	操作要点
1	准备工作	（1）安装三件套 （2）挂空挡 （3）松手刹 （4）举升车辆 （5）拆卸左前轮	
2	检查制动器摩擦片	（1）拆卸制动轮缸 （2）检查制动轮缸是否漏油 （3）拆卸制动器摩擦片 （4）测量摩擦片厚度 （5）检查摩擦片磨损情况	
3	检查制动盘	（1）清洁和检查制动盘 （2）清洁千分尺并校零 （3）测量制动盘厚度 （4）拆卸制动轮缸固定架 （5）拆卸制动盘 （6）检查轮毂轴承松紧度 （7）检测轮毂的径向圆跳动 （8）安装制动盘 （9）固定制动盘 （10）检测制动盘径向圆跳动	
4	安装制动轮缸总成	（1）安装制动轮缸固定架 （2）安装制动摩擦片 （3）安装制动轮缸总成	

序号	作业内容	操作步骤	操作要点
5	安装前轮	（1）拆下轮缸螺母 （2）临时安装车轮 （3）实施驻车制动 （4）紧固车轮	
6	5S	（1）清洁设备、工具并归位 （2）清扫场地，分类丢弃废弃物	

教师（签章）：

二、实施作业并填写作业单

作业单

任务名称					
班　级		学　号		姓　名	
地　点			日　期		

序号	作业内容	检查结果	备注
1	准备工作	□正　常 □不正常	
2	检查制动器摩擦片	□正　常 □不正常	摩擦片厚度：
3	检查制动盘	□正　常 □不正常	制动盘厚度： 制动盘径向圆跳动：

续表

序号	作业内容	检查结果	备注
4	安装制动轮缸总成	□正　常 □不正常	
5	安装车轮	□正　常 □不正常	
6	5S	□正　常 □不正常	

三、完成作业后，请填写评价表

评价表

项目	评价指标	自评	互评
工作任务	认识作业要求	□合　格 □不合格	□合　格 □不合格
	按要求完成作业	□合　格 □不合格	□合　格 □不合格
	作业单填写完整	□合　格 □不合格	□合　格 □不合格
职业素养	工作服整洁	□合　格 □不合格	□合　格 □不合格
	正确查阅维修资料和学习材料	□合　格 □不合格	□合　格 □不合格
	合作默契，交流顺畅	□合　格 □不合格	□合　格 □不合格

项目	评价指标	自评	互评
个人反思			
教师评价	教师签字： 日　　期：	成绩	
		□合格	□不合格

任务名称：**检查空调**

班级＿＿＿＿＿姓名＿＿＿＿＿＿学号＿＿＿＿＿＿

一、实施作业前，请回答如下问题

1．本任务的安全注意事项：

（1）应该对车辆实施＿＿＿＿＿＿＿＿＿，安放＿＿＿＿＿＿＿＿＿＿＿＿＿＿＿＿＿；

（2）保证车辆起动安全，发动机以＿＿＿＿＿＿＿＿＿r/min 转速运转；

（3）严格遵守操作规范。

2．根据现象判断制冷剂量，填写下表。

现　　象	制冷剂量
有气泡	
无气泡	
关闭空调，立即变清澈	
关闭空调，立即起泡，然后变清澈	
高、低压管无温差	
高、低压管有温差	

3．填写本任务的操作要点。

序号	作业内容	操作步骤	操作要点
1	准备工作	（1）安放车轮挡块 （2）连接尾气抽排装置 （3）降下车窗玻璃 （4）打开发动机罩 （5）安放翼子板布和前格栅布 （6）检查发动机舱各工作液液面	

序号	作业内容	操作步骤	操作要点
2	检查空调制冷剂量和空调运转情况	（1）起动发动机，打开车门 （2）打开 A/C 开关 （3）调节鼓风机转速挡位 （4）调节空调旋钮至最热位置，开启外循环。把手放至风窗，判断制热情况 （5）调节空调旋钮至最冷位置，开启内循环。把手放至风窗，判断制冷情况 （6）控制发动机转速 （7）检查制冷剂量 （8）判断高、低压管温差 （9）关闭空调，关闭点火开关	
3	5S	（1）收起尾气抽排装置 （2）清洁、整理	

教师（签章）：

二、实施作业并填写作业单

作业单

任务名称					
班　级		学　号		姓　名	
地　点			日　期		
序号	作业内容		检查结果		备　注
1	准备工作		□正　常 □不正常		
2	检查空调制冷剂量和空调运转情况		□正　常 □不正常		

序号	作业内容	检查结果	备　注
3	5S	□正　常 □不正常	

三、完成作业后，请填写评价表

评价表

项　目	评价指标	自　评	互　评
工作任务	认识作业要求	□合　格 □不合格	□合　格 □不合格
	按要求完成作业	□合　格 □不合格	□合　格 □不合格
	作业单填写完整	□合　格 □不合格	□合　格 □不合格
职业素养	工作服整洁	□合　格 □不合格	□合　格 □不合格
	正确查阅维修资料和学习材料	□合　格 □不合格	□合　格 □不合格
	合作默契，交流顺畅	□合　格 □不合格	□合　格 □不合格
个人反思			
教师评价	教师签字： 日　期：	成　绩	
		□合　格	□不合格

附录 A 项目完成情况记录表

序号	项目名称	完成时间	完成情况	备 注
1	两柱式举升机的使用			
2	使用量具			
3	检查车身			
4	检查油液			
5	检查蓄电池			
6	检查火花塞			
7	检查灯光			
8	检查喷水器和刮水器			
9	检查转向盘和喇叭			
10	检查制动踏板和驻车制动器			
11	检查座椅和安全带			
12	更换发动机机油和机油滤清器			
13	检查底盘紧固件			
14	检查底盘状况			
15	检查车轮			
16	检查盘式制动器			
17	检查空调			

附录 B 卡罗拉汽车维护周期表

行驶里程/km	5000	10000	15000	20000	25000	30000	35000	40000
更换机油	●	●	●	●	●	●	●	●
更换机油滤清器		●		●		●		●
更换空气滤清器								●
更换空调滤清器				●				●
更换燃油滤清器	80000km 首次保养，以后每 80000km 保养一次							
更换火花塞	100000km 首次保养，以后每 100000km 保养一次							
更换冷却液	160000km 首次保养，以后每 80000km 保养一次							
更换制动液								●
更换离合器油（排量2L）								●

注：以上车型维护数据仅供参考，请以汽车生产厂指导为准。

附录 C 汽车维护操作说明（以卡罗拉汽车为例）

两柱式举升机操作说明

序号	作业内容	操作步骤	操作要点	要点的理由
1	检查工位和举升机	（1）清理工位 （2）检查地脚螺栓 （3）检查立柱 （4）解除转动锁止 （5）检查举升臂 （6）检查支撑垫块 （7）检查支撑垫块下的轴孔配合 （8）检查液压设备	（1）清除垃圾、油污、积水等 （2）推立柱 （3）拉起并转动锁止杆 （4）转、抬、拉举升臂 （5）摇动	（1）防止摔跤 （2）技术要求 （3）技术要求 （4）技术要求 （5）技术要求
2	空载试验	（1）接通电源 （2）按住上升按钮 （3）拉动下降锁止拉手 （4）按下卸荷阀		
3	举升车辆	（1）车辆进入举升工位 （2）安放支撑垫块 （3）稍稍升起举升臂 （4）检查支撑情况 （5）转动锁止 （6）举升车辆离地 （7）前后推动车辆 （8）把车辆升到目标高度 （9）下降锁止	（1）垫块接近支撑点 （2）放下转动锁止杆 （3）车轮离地10～20cm （4）压下卸荷阀	（1）技术要求 （2）技术要求 （3）技术要求

续表

序号	作业内容	操作步骤	操作要点	要点的理由
4	下降车辆	（1）稍稍举升车辆 （2）解除下降锁止 （3）降下车辆 （4）收回举升臂		
5	5S	（1）关闭电源 （2）整理和清扫场地 （3）清洁设备和车辆		

百分表使用说明

序号	作业内容	操作步骤	操作要点
1	零位校准	（1）组装并固定百分表 （2）清洁被测表面 （3）把百分表测量头抵住被测物体 （4）转动表圈对零	测量头垂直于被测物体并压缩1mm
2	测量	（1）转动被测物体 （2）观察指针	做记号，转动一圈
3	读数	读出测量值	
4	清洁整理	（1）拆卸量具 （2）清洁量具 （3）把量具装入盒内	

75

外径千分尺使用说明

序号	作业内容	操作步骤	操作要点
1	零位校准	（1）清洁测砧表面 （2）转动使测砧和螺杆（或标准杆）接触 （3）检查零刻度是否对准 （4）如不对准，直接校准或使用标准校准	自由转动棘轮定位器 2 圈
2	测量	（1）清洁被测物体表面 （2）在测砧和螺杆之间放入被测物体 （3）转动微分筒 （4）转动棘轮定位器 （5）锁止螺杆	（1）轻轻接触被测物体 （2）自由转动棘轮定位器 2 圈
3	读数	（1）读出尺寸整数 （2）读出 0.5mm （3）读出 0.01～0.50mm 之间的数值 （4）计算测量尺寸	不可取出千分尺读数
4	清洁整理	（1）清洁量具 （2）使螺杆归零位 （3）把量具装入盒内	

胎压表使用说明

序号	作业内容	操作步骤	操作要点
1	零位校准	观察指针	
2	测量	把测量头接入轮胎气门芯	垂直接入并锁住（旋紧）
3	读数	读出指针偏转量	
4	充气	（1）连接高压空气 （2）扳动充放气扳机	
5	放气	（1）卸下高压空气接头 （2）扳动充放气扳机	
6	清洁整理	（1）从轮胎上卸下胎压表 （2）清洁整理胎压表	

预置式扭矩扳手使用说明

序号	作业内容	操作步骤	操作要点
1	零位校准	旋转套筒到刻度最低处	
2	预置力矩	（1）设置杆上的整数 （2）设置套筒上的数值 （3）计算力矩	
3	设置旋向	转动旋向控制旋钮（或旋圈）	
4	清洁整理	清洁整理扭矩扳手	

车身检查说明

序号	作业内容	操作步骤	操作要点	要点的理由
1	准备工作	（1）安放车轮挡块 （2）整理内、外三件套 （3）解锁车辆 （4）置点火开关于"ON"挡 （5）降下左窗玻璃 （6）安放内三件套 （7）拉动发动机舱盖释放拉手 （8）拉动行李舱盖释放拉手 （9）拉动加油口盖释放拉手	（1）车轮挡块不能碰车轮，与车辆平齐 （2）把内、外三件套放在工具车上 （3）人员不准进入车内 （4）不能起动发动机	（1）防止碰伤车轮、影响行走 （2）方便操作 （3）防止弄脏车内 （4）保证安全
2	检查车门	检查车门螺栓和螺母是否完整、紧固、无锈蚀	双手扶着上下门框，用力扳、抬、扭动车门	技术要求
3	检查发动机舱盖	（1）打开发动机舱盖 （2）支撑发动机舱盖 （3）安放外三件套 （4）检查发动机舱盖螺母和螺栓是否完整、紧固 （5）收起外三件套	（1）拨动发动机舱盖挂钩，向上抬起发动机舱盖 （2）用支撑杆稳定支撑舱盖 （3）翼子板布不能挡住车灯和车轮	（1）技术要求 （2）技术要求 （3）以免影响后续的作业 （4）方便检查

续表

序号	作业内容	操作步骤	操作要点	要点的理由
3	检查发动机舱盖	（6）收回支撑杆 （7）关上发动机舱盖	（4）一手扶住支撑杆，一手用力扳动舱盖 （5）在一定高度时，放手让舱盖自由落下，盖紧	（5）防止伤手
4	检查行李舱盖	（1）打开行李舱盖 （2）检查行李舱盖螺母和螺栓是否完整、紧固 （3）关上行李舱盖	一手扶住支撑杆，一手用力扳动舱盖	
5	检查加油口盖	（1）检查加油口盖是否变形、损坏 （2）检查密封情况 （3）检查扭矩限制器 （4）检查连接情况	（1）密封垫片良好，不漏油 （2）旋紧加油口盖时，发出"咔嗒"响声	（1）技术要求 （2）技术要求
6	检查悬架	（1）检查车辆是否倾斜 （2）检查减振器的阻尼状况	（1）在车前、后目视检查车辆 （2）在车前、后用力按下车辆，检查其缓冲力	（1）技术要求 （2）技术要求
7.	5S	（1）收回内三件套 （2）升起车窗玻璃 （3）取出钥匙 （4）关闭车门 （5）清洁场地		

油液检查说明

序号	作业内容	操作步骤	操作要点
1	准备工作	（1）安放车轮挡块 （2）解锁车门 （3）释放发动机罩拉手 （4）关闭车门 （5）支撑发动机罩 （6）安放外三件套	
2	检查油液	（1）检查喷洗液 （2）检查冷却液 （3）检查机油 （4）检查制动液 （5）检查动力转向液	观察颜色、存量以及泄漏与否
3	5S	（1）收回外三件套 （2）放下发动机罩 （3）清洁整理场地	

蓄电池检查说明

序号	作业内容	操作步骤	操作要点
1	准备工作	（1）安放车轮挡块 （2）解锁车辆 （3）拉动发动机舱盖释放拉手 （4）打开并支撑发动机罩 （5）安放外三件套	挡块与车轮平齐

续表

序号	作业内容	操作步骤	操作要点
2	检查蓄电池	（1）检查电解液液位 （2）检查蓄电池是否有裂纹和渗漏 （3）检查蓄电池电极是否被腐蚀 （4）检查蓄电池电极接头是否松动 （5）检查蓄电池通风孔是否被堵塞 （6）检查蓄电池电解液密度 （7）观察蓄电池电量指示窗	（1）液位在上下刻度之间 （2）有两种方法可以选择 （3）有些电池无电量指示窗
3	5S	（1）恢复蓄电池原始状态 （2）清洁整理工具和场地	

火花塞检查说明

序号	作业内容	操作步骤	操作要点
1	准备工作	（1）安放车轮挡块 （2）解锁车门 （3）释放发动机罩 （4）关闭车门 （5）支撑发动机罩 （6）安放外三件套	
2	拆卸火花塞	（1）拔下点火线圈插头 （2）拆下点火线圈总成固定螺母 （3）拆卸火花塞 （4）取出火花塞	（1）用力适当 （2）用力恰当，勿弯折线圈总成 （3）避免火花塞掉落 （4）使用磁性吸棒

序号	作业内容	操作步骤	操作要点
3	检查火花塞	（1）检查火花塞是否磨损或松动 （2）检查火花塞是否被腐蚀或锈蚀 （3）检查火花塞是否有裂纹 （4）检查火花塞螺纹是否损伤 （5）检查火花塞密封圈是否损伤	
4	测量火花塞间隙	测量火花塞间隙	使用厚薄规
5	安装火花塞	（1）安装火花塞 （2）安装点火线圈总成固定螺母 （3）接上点火线圈插头	使用预置式力矩扳手，扭矩为 10N·m
6	5S	（1）收回外三件套 （2）放下发动机罩 （3）清洁整理工具及场地	

灯光检查说明

序号	作业内容	操作步骤	操作要点
1	准备工作	（1）安放车轮挡块 （2）解锁车辆 （3）安放内三件套	

续表

序号	作业内容	操作步骤	操作要点
2	检查组合仪表指示灯	（1）置点火开关于"ON"挡 （2）观察制动系统警告灯是否点亮 （3）观察座椅安全带指示灯是否点亮 （4）观察充放电指示灯是否点亮 （5）观察发动机故障指示灯是否点亮 （6）观察燃油指示灯是否点亮 （7）观察发动机机油指示灯是否点亮 （8）观察ABS警告灯是否点亮 （9）观察车门指示灯是否点亮 （10）观察安全气囊指示灯是否点亮 （11）起动发动机 （12）观察上述所有指示灯（警告灯）是否熄灭 （13）关闭发动机	
3	检查灯光	（1）置点火开关于"ON"挡 （2）检查仪表灯是否点亮 （3）检查示宽灯是否点亮 （4）检查近光灯是否点亮 （5）检查远光灯是否点亮	（1）把灯光控制开关旋至一挡 （2）把灯光控制开关旋至二挡 （3）下拨灯光控制杆

83

序号	作业内容	操作步骤	操作要点
3	检查灯光	（6）检查前照灯是否可以变光 （7）检查前危险信号灯是否点亮 （8）检查前左右转向灯是否点亮 （9）检查前雾灯是否点亮 （10）检查后左右转向灯是否点亮 （11）检查尾灯是否点亮 （12）检查后雾灯是否点亮 （13）检查牌照灯是否点亮 （14）检查制动灯是否点亮 （15）检查倒车灯是否点亮 （16）检查后危险信号灯是否点亮 （17）检查顶灯是否点亮	（4）向方向盘方向拨动 （5）按下危险信号灯按钮 （6）上下拨动变光器开关 （7）把雾灯开关拨到一挡 （8）上下拨动变光器开关 （9）把雾灯开关拨到二挡 （10）踩刹车 （11）踩离合、挂倒挡 （12）按下危险信号灯按钮 （13）拨动顶灯开关
4	5S	（1）收回内三件套 （2）锁门 （3）移走车轮挡块 （4）清洁场地	

喷水器和刮水器检查说明

序号	作业内容	操作步骤	操作要点	要点的理由
1	准备工作	（1）安放车轮挡块 （2）打开车门 （3）安放内三件套 （4）挂空挡，拉手刹 （5）起动发动机 （6）降下左车窗玻璃	挡块与车轮平齐	防止影响行走
2	检查喷洗器	（1）拨动喷水器多功能开关 （2）检查喷水器是否喷水 （3）检查喷水器的喷射位置 （4）调整喷水器的喷射位置	使用与喷嘴相适应的钢丝	方便调整
3	检查刮水器	（1）检查手动挡 （2）检查停止挡 （3）检查间歇挡 （4）检查慢速挡 （5）检查快速挡 （6）检查刮水效果 （7）检查刮水痕迹		
4	结束工作	（1）升起车窗 （2）关闭发动机 （3）收起内三件套 （4）清洁和整理		

转向盘和喇叭检查说明

序号	作业内容	操作步骤	操作要点	要点的理由
1	准备工作	（1）安放车轮挡块 （2）打开车门 （3）降下前左车窗 （4）安放三件套	挡块与车轮平齐	防止磕碰
2	检查转向盘自由行程	（1）起动发动机 （2）转动转向盘 （3）在转向盘上做一记号 （4）把直尺放在记号旁 （5）轻转转向盘，记录记号的移动量	轮胎笔直朝前	技术要求
3	检查转向盘松动情况	（1）点火开关置于"ACC"挡 （2）握住转向盘上下位置 （3）拉动和晃动转向盘 （4）握住转向盘左右位置 （5）拉动和晃动转向盘	转向盘不锁住和可移动	

续表

序号	作业内容	操作步骤	操作要点	要点的理由
4	检查喇叭	（1）点火开关置于"ON"挡 （2）检查直行时喇叭情况 （3）检查喇叭音量、音调 （4）检查左转弯时喇叭情况 （5）检查喇叭音量、音调	（1）按下转向器中间位置 （2）持续3s （3）左转转向盘并按下左侧位置	（1）技术要求 （2）习惯
5	5S	（1）收起内三件套 （2）升起车窗玻璃 （3）清洁和整理		

制动踏板和驻车制动器检查说明

序号	作业内容	操作步骤	操作要点	要点的理由
1	准备工作	（1）安放车轮挡块 （2）打开车门 （3）降下左前窗玻璃 （4）安放三件套	挡块与车轮平齐	保证安全

序号	作业内容	操作步骤	操作要点	要点的理由
2	检查制动踏板气密性	连续踩踏板数次（越踩踏板越高）		
3	检查制动踏板真空功能	（1）起动发动机 （2）连续踩踏板数次（踏板高度不变）		
4	检查制动踏板的工作情况	（1）运转发动机 （2）踩下制动踏板（有下沉感）		
5	检查制动踏板的应用状况	（1）运转发动机 （2）连续踩踏板数次（无松动、异响，反应好，可完全踩下）		
6	测量制动踏板高度	（1）关闭点火开关 （2）测量制动踏板自然状态下的高度		
7	检测制动踏板自由行程	（1）运转发动机数分钟后关闭 （2）检测制动踏板行程余量	踩踏板数次，轻压踏板后测量	技术要求
8	检测驻车制动器行程	拉起驻车制动杆（响6～9次）		
9	5S	（1）收起内三件套 （2）升起车窗玻璃 （3）清洁和整理		

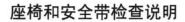

座椅和安全带检查说明

序号	作业内容	操作步骤	操作要点	要点的理由
1	准备工作	（1）安放汽车垫块 （2）打开车门 （3）安放内三件套	垫块与轮胎平齐	避免影响行走
2	检查座椅	（1）检查座椅螺栓和螺母 （2）检查座椅移动情况 （3）检查座椅靠背摆动情况	（1）前后左右扳动座椅，观察和转动座椅螺栓和螺母 （2）扳动座椅移动杆，移动座椅 （3）扳动座椅靠背摆动杆，摆动座椅靠背	（1）技术要求 （2）技术要求 （3）技术要求
3	检查安全带	（1）检查安全带锁紧器 （2）检查安全带锁扣 （3）检查安全带锁紧情况	（1）握住安全带一端，然后瞬间拉动安全带 （2）将安全带锁舌插入锁扣中，检查安全带指示灯是否熄灭 （3）快速用力拉动被锁住的安全带	（1）技术要求 （2）技术要求 （3）技术要求
4	结束工作	（1）取下内三件套 （2）进行 5S		

机油和机油滤清器更换说明

序号	作业内容	操作步骤	操作要点	要点的理由
1	准备工作	（1）检查工具 （2）检查工位 （3）检查举升机 （4）安放三件套 （5）挂空挡，拉手刹，打开发动机盖 （6）放置外三件套 （7）检查发动机机油液位		
2	检查空气滤清器	（1）取出空气滤清器滤芯 （2）检查空气滤清器	（1）用高压空气清洁滤芯 （2）空气滤清器脏了就换	（1）技术要求 （2）技术要求
3	松开机油加注口盖	拧开机油加注口盖	机油加注口盖要虚放在机油加注口上	防止异物掉入发动机内
4	举升车辆	（按举升机的操作规程）	举升臂下降和转动要锁止	技术要求
5	检查发动机是否漏油	（1）检查发动机油底壳是否漏油 （2）检查油封是否漏油 （3）检查放油螺栓是否漏油		

续表

序号	作业内容	操作步骤	操作要点	要点的理由
6	拆卸放油螺栓	（1）把机油收集器移到油底壳下 （2）拧出放油螺栓，放机油	（1）调整机油收集器高度 （2）动作要利落	（1）防溅 （2）防烫
7	更换机油滤清器	（1）松开机油滤清器 （2）取出机油滤清器 （3）在新的机油滤清器密封垫圈上涂抹新机油 （4）安装机油滤清器 （5）拧紧机油滤清器 （6）清洁机油滤清器	（1）使用专用工具 （2）徒手拧到底 （3）使用专用工具，旋转3/4圈	（1）方便操作 （2）技术要求 （3）技术要求
8	安装机油放油螺栓	（1）清洁放油螺栓并更换新的垫片 （2）清洁放油螺栓孔，安装放油螺栓 （3）紧固放油螺栓 （4）移走机油收集器 （5）清洁工作场地	扭矩为37N·m	技术要求
9	下降车辆	下降车辆到最低位置		
10	加注机油	（1）取下机油加注口盖 （2）加注专用机油 （3）拧紧机油加注口盖	加注到3L后测量机油液位，加注到标准液位	防止多加

序号	作业内容	操作步骤	操作要点	要点的理由
11	发动机运转检查	（1）起动发动机 （2）举升车辆到最高位置 （3）检查油底壳放油螺栓与机油滤清器 （4）下降举升机至最低位置 （5）移走举升臂 （6）关闭发动机 （7）检查机油液位	（1）如漏油则拧紧；拧紧后还漏，则要查明原因 （2）不够再加	（1）技术要求 （2）技术要求
12	结束工作	（1）清洁工作场地 （2）清洁工具 （3）工具车归位 （4）交车		

底盘紧固件检查说明

序号	作业内容	操作步骤	操作要点	要点的理由
1	准备工作	（1）举升车辆 （2）选择工具	（1）底盘高过头顶 （2）把所需工具整齐排列	（1）保证安全 （2）提高效率
2	检查车辆底盘紧固件	（1）检查前下悬架臂和前悬架横梁紧固件 （2）检查下球节和前下悬架臂紧固件	（1）233N·m、2×2个、22mm套筒、短接杆	（1）技术要求

序号	作业内容	操作步骤	操作要点	要点的理由
2	检查车辆底盘紧固件	（3）检查前悬架横梁和车身紧固件	（2）89N·m、2×3个、17mm 套筒、短接杆	（2）技术要求
		（4）检查前制动卡钳和转向节紧固件	（3）145N·m、2×2个、19mm 套筒、短接杆	（3）技术要求
		（5）检查前减振器和转向节紧固件		（4）技术要求
		（6）检查稳定杆连杆和前减振器紧固件	（4）107N·m、2×2个、17mm 套筒、短接杆	（5）技术要求
		（7）检查稳定杆和稳定杆连杆紧固件	（5）240N·m、2×2个、22mm 套筒、短接杆	（6）技术要求
		（8）检查前悬架横梁横支架和前悬架横梁紧固件		（7）技术要求
		（9）检查前悬架横梁后支架和车身紧固件	（6）74N·m、2×1个、17mm 套筒、短接杆	（8）技术要求
		（10）检查前悬架横梁加强件固定螺栓		（9）技术要求
		（11）检查横拉杆端头锁止螺母	（7）74N·m、2×1个、17mm 梅花扳手、内六角扳手	（10）技术要求
		（12）检查横拉杆端头和转向节紧固件	（8）87N·m、2×4个、17mm 套筒、短接杆	（11）技术要求
		（13）检查转向机壳和前横梁紧固件	（9）93N·m、2×2个、17mm 套筒、短接杆	（12）技术要求
		（14）检查后横梁总成和车身紧固件		（13）技术要求

序号	作业内容	操作步骤	操作要点	要点的理由
			（10）96N•m、2×4个、17mm 套筒、短接杆	
			（11）74N•m、2×1个、两把 19mm 呆扳手	
			（12）49N•m、2×1个	（14）技术要求
			（13）137N•m、2×1个、19mm 梅花扳手、19mm 套筒、短接杆	（15）技术要求
		（15）检查制动轮缸和背板紧固件	（14）135N•m、2×1个、22mm 套筒	（16）技术要求
		（16）检查后减振器和后横梁紧固件	（15）57N•m、2×2个、22mm 套筒、短接杆	
		（17）检查排气管紧固件		（17）技术要求
		（18）检查燃油箱紧固件	（16）90N•m、2×1个、17mm 套筒、短接杆	
			（17）41N•m、6个、14mm 套筒、长接杆	（18）技术要求
			（18）39N•m、4个、14mm 套筒、短接杆	

续表

序号	作业内容	操作步骤	操作要点	要点的理由
3	5S	（1）清洁场地 （2）降下车辆 （3）安放车轮挡块 （4）整理工具		

底盘状况检查说明

序号	作业内容	操作步骤	操作要点	要点的理由
1	准备工作	（1）放置车轮挡块 （2）打开点火开关 （3）降下左前门玻璃 （4）安放内三件套 （5）挂空挡，拉手刹 （6）打开发动机罩 （7）安放外三件套 （8）检查发动机舱各工作液液面 （9）举升车辆	（1）挡块与车轮平齐 （2）底盘高过头顶	（1）防止影响行走 （2）为了安全
2	检查发动机	（1）检查发动机各区域接触面 （2）检查油封 （3）检查机油排放塞	（1）戴手套 （2）用干净抹布擦拭各部位 （3）用手电筒照明	（1）防止受伤 （2）易于发现 （3）易于观察

序号	作业内容	操作步骤	操作要点	要点的理由
3	检查自动变速器	（1）检查自动变速器各区域接触面 （2）检查油封 （3）检查自动变速器加油塞和排放塞	（1）戴手套 （2）用干净抹布擦拭各部位 （3）用手电筒照明	（1）防止受伤 （2）易于发现 （3）易于观察
4	检查传动带	（1）检查传动带表面 （2）检查传动带安装状况	（1）不戴手套，保证手部清洁 （2）用98N的力推压传动带的中心后部，变形量为11～13mm	（1）防止受伤 （2）技术要求
5	检查驱动轴护套	（1）检查驱动轴外侧护套 （2）检查内侧护套		
6	检查转向连接机构	（1）检查转向连接机构的情况 （2）检查转向连接机构的防尘套	晃动转向连接机构，检查其是否松动、摇摆、变形和损坏	技术要求
7	检查前减振器和螺旋弹簧	（1）检查前减振器和螺旋弹簧 （2）检查前螺旋弹簧	（1）戴手套 （2）用手轻拉弹簧	（1）易于发现 （2）易于发现
8	检查转向节		轻拉转向节	易于发现

续表

序号	作业内容	操作步骤	操作要点	要点的理由
9	检查前悬架下臂		轻拉下臂	易于发现
10	检查拖臂后桥		轻拉拖臂后桥	易于发现
11	检查后减振器和螺旋弹簧	（1）检查后减振器和螺旋弹簧 （2）检查后螺旋弹簧	拉动减振器和螺旋弹簧	易于发现
12	检查制动管路软管	（1）检查前轮制动管路软管 （2）检查前轮制动管路软管安装是否良好 （3）检查后轮制动管路软管	（1）用手轻拉制动管路的前端和后端 （2）软管在任何情况下都不应与车轮和车身接触碰擦	（1）易于发现 （2）技术要求
13	检查燃油管路	（1）检查燃油管路状况 （2）检查燃油管路安装	轻拉燃油管路的前、后端，检查是否有压痕、损坏、变形、泄漏	易于发现
14	检查排气管和安装件	（1）检查排气管 （2）检查消声器 （3）检查排气管吊耳 （4）检查密封垫片	（1）必须戴手套 （2）轻拉吊耳	（1）防止受伤 （2）易于发现

序号	作业内容	操作步骤	操作要点	要点的理由
15	5S	（1）降下车辆 （2）收回外三件套 （3）关闭发动机罩 （4）收回内三件套 （5）清洁车身、举升机、场地		

车轮检查说明

序号	作业内容	操作步骤	操作要点	要点的理由
1	检查车轮轴承	（1）举升车辆 （2）检查轴承有无摆动 （3）检查轴承有无转动噪声	（1）举升高度与操作者胸部齐平 （2）戴手套，双手轴向推拉轮胎 （3）转动轮胎	（1）方便操作 （2）保证安全，容易检查 （3）容易检查
2	拆卸车轮	（1）连接风炮和气管 （2）检查风炮力矩 （3）检查风炮旋向 （4）安装风炮套筒 （5）拆卸轮毂螺母 （6）取下车轮至车轮拆装托架	（1）不许戴手套 （2）使用 21mm 风动套筒 （3）按交叉顺序拆卸 （4）车轮不要着地	（1）保证安全 （2）技术要求 （3）技术要求 （4）防止车轮滚动

续表

序号	作业内容	操作步骤	操作要点	要点的理由
3	检查车胎	（1）检查轮胎胎面是否损坏 （2）检查轮胎是否嵌入异物 （3）检查轮辋是否损坏或腐蚀 （4）检查轮胎是否异常磨损 （5）测量轮胎的胎面深度 （6）检查轮胎气压 （7）检查是否漏气	（1）戴手套，转动轮胎一圈 （2）查看外观和磨损标记 （3）用深度规测量每个沟槽3处 （4）在气门周围涂肥皂水	（1）技术要求 （2）技术要求 （3）方便
4	安装车轮	（1）临时安装车轮 （2）预紧轮毂螺母 （3）下降车辆 （4）调整力矩扳手 （5）检查力矩扳手旋向 （6）安装连接杆、套筒和扳手 （7）紧固车轮	（1）按交叉顺序旋紧 （2）车轮着地 （3）使用 103N·m 扭矩 （4）按交叉顺序旋紧	（1）技术要求 （2）技术要求 （3）技术要求 （4）技术要求
5	5S	（1）整理清洁工具和设备 （2）清扫场地		

盘式制动器检查说明

序号	作业内容	操作步骤	操作要点	要点的理由
1	准备工作	（1）安装三件套 （2）挂空挡 （3）松手刹 （4）举升车辆 （5）拆卸左前轮	（1）高度合适，安全锁止 （2）用 2 个螺母紧固制动盘	（1）方便操作，保证安全 （2）方便操作
2	检查制动器摩擦片	（1）拆卸制动轮缸 （2）检查制动轮缸 （3）拆卸制动器摩擦片 （4）测量摩擦片厚度 （5）检查摩擦片磨损情况	（1）右手用 14～17mm 呆扳手固定制动轮缸滑销，左手用 14～17mm 梅花扳手拆下制动轮缸 2 个固定螺栓 （2）用 S 形钩子把制动缸挂起，如有漏油，马上用水清洗 （3）用直尺测量外侧摩擦片 3 处厚度，不足 1mm 则成对更换；目测摩擦片内侧厚度 （4）观察磨损指示器和消音垫片	（1）方便 （2）方便 （3）技术要求 （4）技术要求

续表

序号	作业内容	操作步骤	操作要点	要点的理由
3	检查制动盘	（1）清洁和检查制动盘 （2）清洁千分尺并校零 （3）测量制动盘厚度 （4）拆卸制动轮缸固定架 （5）拆卸制动盘 （6）检查轮毂轴承松紧度 （7）检测轮毂的径向圆跳动 （8）安装制动盘 （9）固定制动盘 （10）检测制动盘径向圆跳动	（1）小于最小厚度要更换（19mm） （2）在制动盘和轮毂上做标记 （3）使用百分表，推拉轮毂分总成，如游隙大于0.05mm则更换轮毂分总成 （4）使用百分表，转动轮毂分总成，如径向圆跳动大于0.05mm则更换轮毂分总成 （5）对准标记 （6）紧固力矩为103N·m （7）百分表置于制动盘外缘10mm处，制动盘径向圆跳动不能大于0.05mm，否则要重装、研磨或更换	（1）技术要求 （2）方便安装 （3）技术要求 （4）技术要求 （5）技术要求 （6）技术要求 （7）技术要求

续表

序号	作业内容	操作步骤	操作要点	要点的理由
4	安装制动轮缸总成	（1）安装制动轮缸固定架 （2）安装制动摩擦片 （3）安装制动轮缸总成	（1）拧紧力矩为107N·m （2）不可装反，摩擦表面没有油污 （3）拧紧力矩为34N·m	（1）技术要求 （2）技术要求 （3）技术要求
5	安装前轮	（1）拆下轮缸螺母 （2）临时安装车轮 （3）实施驻车制动 （4）紧固车轮	（1）降车辆着地，挂空挡，拉手刹，放车轮挡块 （2）紧固力矩为103N·m	（1）技术要求 （2）技术要求
6	5S	（1）清洁设备、工具并归位 （2）清扫场地，分类丢弃废弃物		

汽车空调检查说明

序号	作业内容	操作步骤	操作要点	要点的理由
1	准备工作	（1）安放车轮挡块 （2）打开车门 （3）安放内三件套	挡块要与车轮齐平	避免影响行走

序号	作业内容	操作步骤	操作要点	要点的理由
		（4）挂空挡，拉手刹 （5）降下车窗玻璃 （6）打开发动机罩 （7）安放外三件套 （8）检查发动机舱各工作液液面 （9）连接尾气抽排装置		
2	检查空调制冷剂量	（1）起动发动机 （2）打开车门 （3）打开 A/C 开关 （4）控制发动机转速 （5）检查制冷剂量 （6）关闭空调 （7）关闭点火开关	（1）鼓风机转速调到最高，温度调到最低 （2）发动机以 1500r/min 转速运行 （3）检视空调观察窗的气泡，或触摸感觉高压管和低压管的温差。如制冷剂不足，则要熄火检查是否泄漏	（1）正确检查 （2）正确检查 （3）技术要求
3	5S	（1）收起尾气抽排装置 （2）清洁、整理		

附录 D 2013 年全国中等职业学校"雪佛兰"杯汽车运用与维修技能大赛团体二级维护项目作业表

作业表（一）

选手1作业顺序	评分	记录项	作业类型+作业对象+作业内容	合作项目说明	说明
			以下是顶起位置1		
			（001）检查作业- 作业准备 - 启动尾气分析仪		
			（002）检查作业- 作业准备 - 安装座椅套		
			（003）检查作业- 作业准备 - 安装地板垫		
			（004）检查作业- 作业准备 - 安装方向盘套		
			（005）检查作业- 作业准备 - 拉紧驻车制动杆		
			（006）检查作业- 作业准备 - 将换挡杆置于 P 位置		
			（007）检查作业- 作业准备 - 拉起发动机舱盖主锁闩释放拉线把手		
			（008）检查作业- 作业准备 - 打开发动机舱盖		

选手1作业顺序	评分	记录项	作业类型+作业对象+作业内容	合作项目说明	说明
			（009）检查作业- 作业准备 - 安装翼子板布		
			（010）检查作业- 作业准备 - 安装前格栅布		
			（011）检查作业- 作业准备 - 安装车轮挡块		可以用举升机部分顶起车辆
			（012）检查作业- 发动机冷却系统 - 检查发动机冷却液液位		
			（013）检查作业- 发动机冷却系统 - 检查冷却水管及接头有无泄漏		
			（014）检查作业- 发动机冷却系统 -检查软管夹箍有无损坏和松动		
			（015）检查作业- 发动机冷却系统 - 检查软管有无磨损、裂纹、凸起、硬化或其他损坏		
			（016）检查作业- 制动系统 - 检查制动液液位		
			（017）检查作业- 制动系统 - 检查制动总泵储液罐、制动管及接头有无泄漏		

选手1作业顺序	评分	记录项	作业类型+作业对象+作业内容	合作项目说明	说明
			（018）检查作业- 制动系统 - 检查制动管有无扭结、磨损、腐蚀或其他损坏		
			（019）检查作业- 制动系统 - 检查制动管的安装情况		
			（020）检查作业- 燃油供给系统 - 检查燃油管路及接头有无泄漏		
			（021）检查作业- 燃油供给系统 - 检查燃油管路有无扭结、磨损、腐蚀或其他损坏		
			（022）检查作业- 燃油供给系统 - 检查燃油管路的安装及接头紧固情况		
			（023）检查作业- 燃油蒸发系统 - 检查燃油蒸发管路及接头有无泄漏		
			（024）检查作业- 燃油蒸发系统 - 检查燃油蒸发管路有无扭结、磨损、腐蚀或其他损坏		
			（025）检查作业- 燃油蒸发系统 - 检查燃油蒸发管路的安装及接头紧固情况		
			（026）检查作业- 前挡风玻璃洗涤器 - 检查前挡风玻璃洗涤液液位		

续表

选手1作业顺序	评分	记录项	作业类型+作业对象+作业内容	合作项目说明	说明
			（027）检查作业- 发动机润滑系统 - 检查发动机机油液位		
			（028）检查作业- 电源系统 - 检查蓄电池的安装、污染及损坏情况		
			（029）检查作业- 电源系统 - 检查蓄电池端子有无腐蚀		
			（030）检查作业- 电源系统 - 检查蓄电池端子导线有无松动		
			（031）检测作业- 电源系统 - 检测并记录蓄电池电压		不起动发动机
			（032）检查作业- 发动机 - 检查发动机传动皮带有无变形、磨损、裂纹、脱层或其他损坏		
			（033）检查作业- 发动机 - 检查发动机传动皮带的安装情况及皮带张力（按压）		
			（034）检查作业- 喇叭 - 检查喇叭按钮及喇叭的工作情况		
			（035）检查作业- 组合仪表 - 检查 MIL、AIRBAG、ABS 等故障指示灯和充电、防盗指示灯等的工作情况		

选手1作业顺序	评分	记录项	作业类型+作业对象+作业内容	合作项目说明	说明
			（036）检查作业- 组合仪表 - 检查组合仪表背景灯的点亮及亮度调节情况		
			（037）检查作业- 车外灯 - 检查前示宽灯的工作情况（左右）		
			（038）检查作业- 车外灯/组合仪表 - 检查左前转向信号灯和左转向指示灯的工作情况		
			（039）检查作业- 车外灯/组合仪表 - 检查右前转向信号灯和右转向指示灯的工作情况		
			（040）检查作业- 转向灯开关 - 检查转向信号/多功能开关的自动返回功能		
			（041）检查作业- 车外灯/组合仪表 - 检查前危险警告灯（左右）和仪表板指示灯的工作情况		
			（042）检查作业- 车外灯 - 检查前照灯近光（左右）的工作情况		起动发动机
			（043）检查作业- 车外灯/组合仪表 - 检查前照灯远光（左右）和远光指示灯的工作情况		起动发动机

续表

选手1作业顺序	评分	记录项	作业类型+作业对象+作业内容	合作项目说明	说明
			（044）检查作业- 车外灯/组合仪表 －检查前照灯闪光（左右）和远光指示灯的工作情况		起动发动机
			（045）检查作业- 车内灯 －检查前部阅读灯（左右）的工作情况		
			（046）检查作业- 车内灯 －检查中部阅读灯（左右）的工作情况，并将开关置于DOOR位置		
			（047）检查作业- 车外灯 －检查后示宽灯（左右）的工作情况		
			（048）检查作业- 车外灯 －检查左后转向信号灯的工作情况		
			（049）检查作业- 车外灯 －检查右后转向信号灯的工作情况		
			（050）检查作业- 车外灯/组合仪表 －检查后危险警告灯及其指示灯（左右）的工作情况		
			（051）检查作业- 车外灯 －检查牌照灯的工作情况		
			（052）检查作业- 车外灯 －检查制动灯（左右，含高位制动灯）的工作情况		

选手1作业顺序	评分	记录项	作业类型+作业对象+作业内容	合作项目说明	说明
			（053）检查作业- 车外灯 - 检查倒车灯的工作情况		
			（054）检查作业- 前挡风玻璃洗涤器 - 检查前挡风玻璃洗涤器的喷射力和喷射位置		目测
			（055）检查作业- 前挡风玻璃刮水器 - 检查前挡风玻璃洗涤器喷射时的刮水器联动情况		目测
			（056）检查作业- 前挡风玻璃刮水器 - 检查前挡风玻璃刮水器的低速工作情况		
			（057）检查作业- 前挡风玻璃刮水器 - 检查前挡风玻璃刮水器的高速工作情况		
			（058）检查作业- 前挡风玻璃刮水器 - 检查前挡风玻璃刮水器的自动回位情况		
			（059）检查作业- 前挡风玻璃刮水器 - 检查前挡风玻璃刮水器的刮拭情况		目测
			（060）检查作业- 制动系统 - 检查驻车制动器拉杆的行程		
			（061）检查作业- 制动系/组合仪表 - 检查驻车制动器指示灯的工作情况		

续表

选手1作业顺序	评分	记录项	作业类型+作业对象+作业内容	合作项目说明	说明
			（062）检查作业- 制动系统 - 检查制动器踏板工作时有无松旷和异常噪声		
			（063）检查作业- 制动系统 - 检查制动踏板踩下时的行程和感觉		不起动发动机
			（064）检测作业- 制动系统 - 测量制动踏板的自由行程		
			（065）检测作业- 制动系统 - 测量制动踏板的行程		
			（066）检查作业- 制动系统 - 检查制动助力器的密封性		
			（067）检查作业- 制动系统 - 检查制动助力器的助力功能		
			（068）检查作业- 转向系统 - 检查方向盘和转向柱有无松动		
			（069）检查作业- 转向系统 - 检查方向盘转动时有无摆动		
			（070）检查作业- 转向系统 - 检查转向柱的倾斜调整情况和倾斜调节杆的锁止情况		

选手1作业顺序	评分	记录项	作业类型+作业对象+作业内容	合作项目说明	说明
			（071）检查作业- 车门 - 检查左前车门铰链销是否松旷，铰链固定螺栓有无松动		
			（072）检查作业- 车门 -检查左前车门微开开关（门控开关）的工作情况		打开点火开关
			（073）检查作业- 安全带 - 检查驾驶员座椅安全带是否有撕裂或磨损，安全带拉伸和卷收是否正常		
			（074）检查作业- 安全带 - 检查驾驶员座椅安全带惯性开关、锁扣和安全带开关的工作情况		
			（075）检查作业- 座椅 - 检查驾驶员座椅的安装是否牢固		
			（076）检查作业- 车门 - 检查左后车门铰链销是否松旷，铰链固定螺栓有无松动		
			（077）检查作业- 车门 - 检查左后车门微开开关（门控开关）的工作情况		打开点火开关
			（078）检查作业- 后悬架 - 检查左后减振器的阻尼状态		

续表

选手1作业顺序	评分	记录项	作业类型+作业对象+作业内容	合作项目说明	说明
			（079）检查作业-车外灯 - 检查左侧尾灯总成的安装、污染和损坏情况		
			（080）检查作业- 车内灯 - 检查行李厢门灯的工作情况		
			（081）检查作业- 备用轮胎 - 取出备用轮胎		
			（082）检查作业- 备用轮胎 - 检查轮胎有无裂纹、损坏和异常磨损		
			（083）检查作业- 备用轮胎 - 检查胎面有无嵌入金属颗粒或其他异物		
			（084）检查作业- 备用轮胎 - 检查胎面沟槽的深度（观察磨损标志）		
			（085）检查作业- 备用轮胎 - 检查钢圈有无损坏或腐蚀		
			（086）检查作业- 备用轮胎 - 检查轮胎气压		
			（087）检查作业- 备用轮胎 - 检查轮胎是否漏气		
			（088）检查作业- 备用轮胎 - 放回备用轮胎		

续表

选手1作业顺序	评分	记录项	作业类型+作业对象+作业内容	合作项目说明	说明
			（089）检查作业- 行李厢盖 - 检查行李厢盖铰链有无松动		
			（090）检查作业- 行李厢盖 - 检查行李厢锁闩的工作情况		
			（091）检查作业- 车身 - 检查车辆后部的倾斜度		
			（092）检查作业- 车外灯 - 检查右侧尾灯总成的安装、污染及损坏情况		
			（093）检查作业- 后悬架 - 检查右后减振器的阻尼状态		
			（094）检查作业- 汽油加注口门 - 检查安装、变形和损坏情况		
			（095）检查作业- 汽油加注口门 - 检查打开和关闭情况		
			（096）检查作业- 汽油加注口盖 - 检查汽油加注口盖的连接和旋紧情况		
			（097）检查作业- 车门 - 检查右后车门铰链销是否松旷，铰链固定螺栓有无松动		

续表

选手1作业顺序	评分	记录项	作业类型+作业对象+作业内容	合作项目说明	说明
			（098）检查作业- 车门 - 检查右后车门微开开关（门控开关）的工作情况		打开点火开关
			（099）检查作业- 车门 - 检查右前车门铰链销是否松旷，铰链固定螺栓有无松动		
			（100）检查作业- 车门 - 检查右前车门微开开关（门控开关）的工作情况		打开点火开关
			（101）检查作业- 前悬架 - 检查右前减振器的阻尼状态		
			（102）检查作业- 车外灯 - 检查右前大灯的安装、污染和损坏情况		
			（103）检查作业- 车身 - 检查车身前部的倾斜度		
			（104）检查作业- 车外灯 - 检查左前大灯的安装、污染及损坏情况		
			（105）检查作业- 前悬架 - 检查左前减振器的阻尼状态		
			（106）检查作业- 发动机舱盖 - 检查发动机舱盖锁闩的工作情况		

选手1作业顺序	评分	记录项	作业类型+作业对象+作业内容	合作项目说明	说明
			（107）检查作业- 发动机舱盖 - 检查发动机舱盖铰链有无松动		
			（108）拆装作业- 发动机 - 拆下机油加注口盖		
			（109） 检查作业- 变速器 - 检查换挡杆及挡位指示灯的工作情况，并将换挡杆置于空挡		
			（110）拆装作业- 作业准备 - 释放驻车制动杆		
			以下是顶起位置2		
			（111）检查作业- 发动机 - 检查发动机各部结合面有无漏油		
			（112）检查作业- 发动机 - 检查发动机各油封有无漏油		
			（113）检查作业- 发动机 - 检查发动机放油螺塞有无漏油		
			（114）拆装作业- 发动机 - 排放发动机机油		
			（115）检查作业- 发动机 - 检查散热器有无脏污、变形、泄漏或损坏		

选手1作业顺序	评分	记录项	作业类型+作业对象+作业内容	合作项目说明	说明
			（116）检查作业- 传动系 - 检查左驱动轴护套有无泄漏、裂纹或损坏（外侧）		
			（117）检查作业- 传动系 - 检查左驱动轴护套有无泄漏、裂纹或损坏（内侧）		
			（118）检查作业- 传动系 - 检查右驱动轴护套有无泄漏、裂纹或损坏（外侧）		
			（119）检查作业- 传动系 - 检查右驱动轴护套有无泄漏、裂纹或损坏（内侧）		
			（120）检查作业- 转向系统 - 检查左转向横拉杆有无松旷、变形或损坏		
			（121）检查作业- 转向系统 - 检查左转向横拉杆防尘罩有无裂纹或损坏		
			（122）检查作业- 转向系统 - 检查右转向横拉杆有无松旷、变形或损坏		

选手1作业顺序	评分	记录项	作业类型+作业对象+作业内容	合作项目说明	说明
			（123）检查作业- 转向系统 - 检查右转向横拉杆防尘罩有无裂纹或损坏		
			（124）检查作业- 制动系统 - 检查制动管和制动软管的接头有无泄漏		
			（125）检查作业- 制动系统 - 检查制动管和制动管软管有无扭结、磨损、腐蚀或其他损坏		
			（126）检查作业- 制动系统 - 检查制动管和制动软管的安装情况		
			（127）检查作业- 燃油供给系统 - 检查燃油管路有无泄漏		
			（128）检查作业- 燃油供给系统 - 检查燃油管路有无扭结、磨损、腐蚀或其他损坏		
			（129）检查作业- 燃油供给系统 - 检查燃油管路的安装及接头紧固情况		
			（130）检查作业- 燃油蒸发系统 - 检查燃油蒸发管路有无泄漏（可见部分）		

续表

选手1作业顺序	评分	记录项	作业类型+作业对象+作业内容	合作项目说明	说明
			（131）检查作业- 燃油蒸发系统 - 检查燃油蒸发管路有无扭结、磨损、腐蚀或其他损坏（可见部分）		
			（132）检查作业- 燃油蒸发系统 - 检查燃油蒸发管路的安装及接头紧固情况（可见部分）		
			（133）检查作业- 排气系统 - 检查三元催化器、排气管、消声器有无凹陷、刮伤、腐蚀或其他损坏		
			（134）检查作业- 排气系统 - 检查排气系统各密封垫片有无泄漏		
			（135）检查作业- 排气系统 - 检查排气管、消声器的吊挂有无损坏或脱落		
			（136）检查作业- 前悬架 - 检查左下控制臂有无变形、刮伤或其他损坏		
			（137）检查作业- 前悬架 - 检查右下控制臂有无变形、刮伤或其他损坏		

选手1作业顺序	评分	记录项	作业类型+作业对象+作业内容	合作项目说明	说明
			（138）检查作业- 前悬架 - 检查左前转向节和减振器有无变形、裂纹或其他损坏		
			（139）检查作业- 前悬架 - 检查右前转向节和减振器有无变形、裂纹或其他损坏		
			（140）检查作业- 前悬架 - 检查稳定杆有无松旷、变形或损坏		
			（141）检查作业- 前悬架 - 检查稳定杆左侧连杆有无松旷、变形或损坏		
			（142）检查作业- 前悬架 - 检查稳定杆右侧连杆有无松旷、变形或损坏		
			（143）检查作业- 后桥 - 检查后桥有无变形、刮伤、裂纹或其他损坏		
			（144）检查作业- 后悬架 - 检查左后减振器有无漏油、变形或损坏		
			（145）检查作业- 后悬架 - 检查右后减振器有无漏油、变形或损坏		

选手1作业顺序	评分	记录项	作业类型+作业对象+作业内容	合作项目说明	说明
			（146）检查作业- 后悬架 - 检查左后弹簧有无锈蚀、变形或损坏		
			（147）检查作业- 后悬架 - 检查右后弹簧有无锈蚀、变形或损坏		
			（148）拆装作业- 发动机 - 更换新的放油螺塞密封件并安装放油螺塞		
			（149）紧固作业- 前副车架 - 紧固前副车架与车身连接螺栓（后部）		
			（150）紧固作业- 后桥托架 - 紧固后桥托架与车身连接螺栓（内侧）		
			（151）紧固作业- 后悬架 - 紧固左后减振器下螺栓		
			（152）紧固作业- 后悬架 - 紧固右后减振器下螺栓		
			以下是顶起位置3		
			（153）检查作业- 前悬架 - 检查左前减振器有无漏油		
			（154）检查作业- 前悬架 - 检查左前减振器弹簧有无锈蚀、变形或损坏		

选手1作业顺序	评分	记录项	作业类型+作业对象+作业内容	合作项目说明	说明
			（155）检查作业- 车轮 - 检查左前车轮轴承有无松旷或旋转噪声		
			（156）检查作业- 车轮 - 检查左后车轮轴承有无松旷或旋转噪声		
			（157）检查作业- 车轮 - 检查右后车轮轴承有无松旷或旋转噪声		
			（158）检查作业- 前悬架 - 检查右前减振器有无漏油		
			（159）检查作业- 前悬架 - 检查右前减振器弹簧有无锈蚀、变形或损坏		
			（160）检查作业- 车轮 - 检查右前车轮轴承有无松旷或旋转噪声		
			（161）拆装作业- 车轮 - 拆卸左前车轮		
			（162）检查作业- 制动系统 - 检查左前车轮制动钳相对于制动钳托架有无松旷		

续表

选手1作业顺序	评分	记录项	作业类型+作业对象+作业内容	合作项目说明	说明
			（163）拆装作业- 制动系统 - 拆卸并检查左前车轮制动钳壳体有无裂纹或损坏		
			（164）检查作业- 制动系统 - 检查左前车轮制动钳活塞有无制动液泄漏		
			（165）拆装作业- 制动系统 - 拆卸并检查左前车轮制动片固定弹簧有无变形、裂纹或损坏		
			（166）检查作业- 制动系统 - 检查左前车轮制动钳安装托架有无变形或损坏		
			（167）检查作业- 制动系统 - 检查左前车轮制动钳导销是否松旷，导销护套有无裂纹或损坏		
			（168）检测作业- 制动系统 - 测量并记录左前车轮制动片厚度（内侧）		
			（169）检测作业- 制动系统 - 测量并记录左前车轮制动片厚度（外侧）		

选手1作业顺序	评分	记录项	作业类型+作业对象+作业内容	合作项目说明	说明
			（170）检查作业- 制动系统 - 目视检查左前车轮制动盘有无裂纹、沟槽或损坏		
		填写附表	（171）检测作业- 制动系统 - 测量并记录制动盘厚度及偏差		
		填写附表	（172）检测作业- 制动系统 - 测量并记录制动盘横向跳动量		
			（173）拆装作业- 制动系统 - 安装左前车轮制动片固定弹簧、制动片和制动钳		
			（174）拆装作业- 制动系统 - 安装左前车轮并预紧固		
			以下是顶起位置4		
			（175）紧固作业- 作业准备 - 拉紧驻车制动杆		
			（176）紧固作业- 作业准备 - 放置车轮挡块		
			（177）紧固作业- 作业准备 - 将换挡杆置于P位置		
			（178）紧固作业- 作业准备 - 恢复制动踏板行程		

续表

选手1作业顺序	评分	记录项	作业类型+作业对象+作业内容	合作项目说明	说明
			（179）紧固作业- 车轮 - 紧固左后车轮螺母		
			（180）紧固作业- 车轮 - 紧固右后车轮螺母		
			（181）紧固作业- 车轮 - 紧固左前车轮螺母		
			（182）紧固作业- 车轮 - 紧固右前车轮螺母		
			（183）拆装作业- 发动机 - 拆卸机油滤清器盖及密封件		
			（184）拆装作业- 发动机 - 更换机油滤清器滤芯		
			（185）拆装作业- 发动机 - 更换新的密封件并安装机油滤清器盖		
		填写附表	（186）拆装作业- 发动机 - 填写发动机机油更换记录表并加注发动机机油		
			（187）检查作业- 发动机 - 检查并清洁空气滤清器外壳		
			（188）拆装作业- 发动机 - 更换空气滤清器		

选手1作业顺序	评分	记录项	作业类型+作业对象+作业内容	合作项目说明	说明
			（189）检查作业- 发动机 - 检查并记录冷却液冰点		光学冰点仪
			（190）检查作业- 作业准备 - 起动发动机并暖机		
			（191）检查作业- 玻璃升降器 - 检查左前门玻璃升降器及主控制开关（仅玻璃升降）的工作情况		起动发动机
			（192）检查作业- 玻璃升降器 - 检查右前玻璃升降器的工作情况		起动发动机
			（193）检查作业- 玻璃升降器 - 检查左后玻璃升降器的工作情况		起动发动机
			（194）检查作业- 玻璃升降器 - 检查右后玻璃升降器的工作情况		起动发动机
			（195）检查作业- 车外后视镜 - 检查左后视镜的工作情况		
			（196）检查作业- 车外后视镜 - 检查右后视镜的工作情况		
			（197）检查作业- 发动机 - 复查喷洗液液位，必要时补充		
			（198）检查作业- 发动机冷却系统 - 检查散热器盖有无泄漏		起动发动机

续表

选手1作业顺序	评分	记录项	作业类型+作业对象+作业内容	合作项目说明	说明
			（199）检测作业- 电源系统 - 检测并记录蓄电池充电电压		起动发动机
		填写附表	（200）检测作业- 发动机排气 - 检测尾气排放值（怠速）		暖机1分钟后方可检查
			（201）检查作业- 作业准备 - 发动机停机		
以下是顶起位置5					
			（202）检查作业- 发动机润滑系统 - 检查发动机机油有无泄漏		
			（203）检查作业- 制动系统 - 检查制动液有无泄漏		
			（204）检查作业- 发动机冷却系统 - 检查冷却液有无泄漏		
以下是顶起位置6					
			（205）恢复作业- 工具准备 - 关闭尾气分析仪并归位		
			（206）检查作业- 发动机冷却系统 - 检查冷却液液位		

选手1作业顺序	评分	记录项	作业类型+作业对象+作业内容	合作项目说明	说明
			（207）检查作业- 发动机润滑系统 - 检查发动机机油液位		
			（208）恢复作业- 工具准备 - 清洁工具、设备并归位		
			（209）恢复作业- 防护用品 - 拆卸翼子板布和前格栅布		
			（210）恢复作业- 防护用品 - 拆除座椅套、地板垫、方向盘套		
			（211）清洁作业- 车辆内部 - 清洁车辆内部、烟灰缸等		
			（212）清洁作业- 车辆外部 - 清洁车辆外部		

说明：选手在自己作业表上的记录项中，将已作业并判定合格的项目打√，不合格的打×，有测量值的记录测量值。

作业表（二）

选手2作业顺序	评分	记录项	作业类型+作业对象+作业内容	合作项目说明	说明
			以下是顶起位置1		
			（001）检查作业- 作业准备 - 启动尾气分析仪		
			（002）检查作业- 作业准备 - 安装座椅套		
			（003）检查作业- 作业准备 - 安装地板垫		
			（004）检查作业- 作业准备 - 安装方向盘套		
			（005）检查作业- 作业准备 - 拉紧驻车制动杆		
			（006）检查作业- 作业准备 - 将换挡杆置于 P 位置		
			（007）检查作业- 作业准备 - 拉起发动机舱盖主锁闩释放拉线把手		
			（008）检查作业- 作业准备 - 打开发动机舱盖		
			（009）检查作业- 作业准备 - 安装翼子板布		
			（010）检查作业- 作业准备 - 安装前格栅布		

续表

选手2作业顺序	评分	记录项	作业类型+作业对象+作业内容	合作项目说明	说明
			（011）检查作业- 作业准备 - 安装车轮挡块		可以用举升机部分顶起车辆
			（012）检查作业- 发动机冷却系统 - 检查发动机冷却液液位		
			（013）检查作业- 发动机冷却系统 - 检查冷却水管及接头有无泄漏		
			（014）检查作业- 发动机冷却系统 -检查软管夹箍有无损坏和松动		
			（015）检查作业- 发动机冷却系统 - 检查软管有无磨损、裂纹、凸起、硬化或其他损坏		
			（016）检查作业- 制动系统 - 检查制动液液位		
			（017）检查作业- 制动系统 - 检查制动总泵储液罐、制动管及接头有无泄漏		
			（018）检查作业- 制动系统 - 检查制动管有无扭结、磨损、腐蚀或其他损坏		
			（019）检查作业- 制动系统 - 检查制动管的安装情况		

续表

选手2作业顺序	评分	记录项	作业类型+作业对象+作业内容	合作项目说明	说明
			（020）检查作业-燃油供给系统 -检查燃油管路及接头有无泄漏		
			（021）检查作业-燃油供给系统 -检查燃油管路有无扭结、磨损、腐蚀或其他损坏		
			（022）检查作业-燃油供给系统 -检查燃油管路的安装及接头紧固情况		
			（023）检查作业-燃油蒸发系统 -检查燃油蒸发管路及接头有无泄漏		
			（024）检查作业-燃油蒸发系统 -检查燃油蒸发管路有无扭结、磨损、腐蚀或其他损坏		
			（025）检查作业-燃油蒸发系统 -检查燃油蒸发管路的安装及接头紧固情况		
			（026）检查作业-前挡风玻璃洗涤器 -检查前挡风玻璃洗涤液液位		
			（027）检查作业-发动机润滑系统 -检查发动机机油液位		
			（028）检查作业-电源系统 -检查蓄电池的安装、污染及损坏情况		

选手2作业顺序	评分	记录项	作业类型+作业对象+作业内容	合作项目说明	说明
			（029）检查作业- 电源系统 - 检查蓄电池端子有无腐蚀		
			（030）检查作业- 电源系统 - 检查蓄电池端子导线有无松动		
			（031）检测作业- 电源系统 - 检测并记录蓄电池电压		不起动发动机
			（032）检查作业- 发动机 - 检查发动机传动皮带有无变形、磨损、裂纹、脱层或其他损坏		
			（033）检查作业- 发动机 - 检查发动机传动皮带的安装情况及皮带张力（按压）		
			（034）检查作业- 喇叭 - 检查喇叭按钮及喇叭的工作情况		
			（035）检查作业- 组合仪表 - 检查 MIL、AIRBAG、ABS 等故障指示灯和充电、防盗指示灯等的工作情况		
			（036）检查作业- 组合仪表 - 检查组合仪表背景灯的点亮及亮度调节情况		
			（037）检查作业- 车外灯 - 检查前示宽灯的工作情况（左右）		

续表

选手2作业顺序	评分	记录项	作业类型+作业对象+作业内容	合作项目说明	说明
			（038）检查作业- 车外灯/组合仪表 - 检查左前转向信号灯和左转向指示灯的工作情况		
			（039）检查作业- 车外灯/组合仪表 - 检查右前转向信号灯和右转向指示灯的工作情况		
			（040）检查作业- 转向灯开关 - 检查转向信号/多功能开关的自动返回功能		
			（041）检查作业- 车外灯/组合仪表 - 检查前危险警告灯（左右）和仪表板指示灯的工作情况		
			（042）检查作业- 车外灯 - 检查前照灯近光（左右）的工作情况		起动发动机
			（043）检查作业- 车外灯/组合仪表 - 检查前照灯远光（左右）和远光指示灯的工作情况		起动发动机
			（044）检查作业- 车外灯/组合仪表 - 检查前照灯闪光（左右）和远光指示灯的工作情况		起动发动机
			（045）检查作业- 车内灯 - 检查前部阅读灯（左右）的工作情况		

选手2作业顺序	评分	记录项	作业类型+作业对象+作业内容	合作项目说明	说明
			（046）检查作业- 车内灯 - 检查中部阅读灯（左右）的工作情况，并将开关置于 DOOR 位置		
			（047）检查作业- 车外灯 - 检查后示宽灯（左右）的工作情况		
			（048）检查作业- 车外灯 - 检查左后转向信号灯的工作情况		
			（049）检查作业- 车外灯 - 检查右后转向信号灯的工作情况		
			（050）检查作业- 车外灯/组合仪表 - 检查后危险警告灯及其指示灯（左右）的工作情况		
			（051）检查作业- 车外灯 - 检查牌照灯的工作情况		
			（052）检查作业- 车外灯 - 检查制动灯（左右，含高位制动灯）的工作情况		
			（053）检查作业- 车外灯 - 检查倒车灯的工作情况		
			（054）检查作业- 前挡风玻璃洗涤器 - 检查前挡风玻璃洗涤器的喷射力和喷射位置		目测

续表

选手2作业顺序	评分	记录项	作业类型+作业对象+作业内容	合作项目说明	说明
			（055）检查作业- 前挡风玻璃刮水器 - 检查前挡风玻璃洗涤器喷射时的刮水器联动情况		目测
			（056）检查作业- 前挡风玻璃刮水器 - 检查前挡风玻璃刮水器的低速工作情况		
			（057）检查作业- 前挡风玻璃刮水器 - 检查前挡风玻璃刮水器的高速工作情况		
			（058）检查作业- 前挡风玻璃刮水器 - 检查前挡风玻璃刮水器的自动回位情况		
			（059）检查作业- 前挡风玻璃刮水器 - 检查前挡风玻璃刮水器的刮拭情况		目测
			（060）检查作业- 制动系统 - 检查驻车制动器拉杆的行程		
			（061）检查作业- 制动系/组合仪表 - 检查驻车制动器指示灯的工作情况		
			（062）检查作业- 制动系统 - 检查制动器踏板工作时有无松旷和异常噪声		

选手2作业顺序	评分	记录项	作业类型+作业对象+作业内容	合作项目说明	说明
			（063）检查作业- 制动系统 - 检查制动踏板踩下时的行程和感觉		不起动发动机
			（064）检测作业- 制动系统 - 测量制动踏板的自由行程		
			（065）检测作业- 制动系统 - 测量制动踏板的行程		
			（066）检查作业- 制动系统 - 检查制动助力器的密封性		
			（067）检查作业- 制动系统 - 检查制动助力器的助力功能		
			（068）检查作业- 转向系统 - 检查方向盘和转向柱有无松动		
			（069）检查作业- 转向系统 - 检查方向盘转动时有无摆动		
			（070）检查作业- 转向系统 - 检查转向柱的倾斜调整情况和倾斜调节杆的锁止情况		
			（071）检查作业- 车门 - 检查左前车门铰链销是否松旷，铰链固定螺栓有无松动		

续表

选手2作业顺序	评分	记录项	作业类型+作业对象+作业内容	合作项目说明	说明
			（072）检查作业- 车门 -检查左前车门微开开关（门控开关）的工作情况		打开点火开关
			（073）检查作业- 安全带 - 检查驾驶员座椅安全带是否有撕裂或磨损，安全带拉伸和卷收是否正常		
			（074）检查作业- 安全带 - 检查驾驶员座椅安全带惯性开关、锁扣和安全带开关的工作情况		
			（075）检查作业- 座椅 - 检查驾驶员座椅的安装是否牢固		
			（076）检查作业- 车门 - 检查左后车门铰链销是否松旷，铰链固定螺栓有无松动		
			（077）检查作业- 车门 - 检查左后车门微开开关（门控开关）的工作情况		打开点火开关
			（078）检查作业- 后悬架 - 检查左后减振器的阻尼状态		
			（079）检查作业-车外灯 - 检查左侧尾灯总成的安装、污染和损坏情况		

选手2作业顺序	评分	记录项	作业类型+作业对象+作业内容	合作项目说明	说明
			（080）检查作业- 车内灯 - 检查行李厢门灯的工作情况		
			（081）检查作业- 备用轮胎 - 取出备用轮胎		
			（082）检查作业- 备用轮胎 - 检查轮胎有无裂纹、损坏和异常磨损		
			（083）检查作业- 备用轮胎 - 检查胎面有无嵌入金属颗粒或其他异物		
			（084）检查作业- 备用轮胎 - 检查胎面沟槽的深度（观察磨损标志）		
			（085）检查作业- 备用轮胎 - 检查钢圈有无损坏或腐蚀		
			（086）检查作业- 备用轮胎 - 检查轮胎气压		
			（087）检查作业- 备用轮胎 - 检查轮胎是否漏气		
			（088）检查作业- 备用轮胎 - 放回备用轮胎		
			（089）检查作业- 行李厢盖 - 检查行李厢盖铰链有无松动		

续表

选手2作业顺序	评分	记录项	作业类型+作业对象+作业内容	合作项目说明	说明
			（090）检查作业- 行李厢盖 - 检查行李厢锁闩的工作情况		
			（091）检查作业- 车身 - 检查车辆后部的倾斜度		
			（092）检查作业- 车外灯 - 检查右侧尾灯总成的安装、污染及损坏情况		
			（093）检查作业- 后悬架 - 检查右后减振器的阻尼状态		
			（094）检查作业- 汽油加注口门 - 检查安装、变形和损坏情况		
			（095）检查作业- 汽油加注口门 - 检查打开和关闭情况		
			（096）检查作业- 汽油加注口盖 - 检查汽油加注口盖的连接和旋紧情况		
			（097）检查作业- 车门 - 检查右后车门铰链销是否松旷，铰链固定螺栓有无松动		
			（098）检查作业- 车门 - 检查右后车门微开开关（门控开关）的工作情况		打开点火开关

选手2作业顺序	评分	记录项	作业类型+作业对象+作业内容	合作项目说明	说明
			（099）检查作业- 车门 - 检查右前车门铰链销是否松旷，铰链固定螺栓有无松动		
			（100）检查作业- 车门 - 检查右前车门微开开关（门控开关）的工作情况		打开点火开关
			（101）检查作业- 前悬架 - 检查右前减振器的阻尼状态		
			（102）检查作业- 车外灯 - 检查右前大灯的安装、污染和损坏情况		
			（103）检查作业- 车身 - 检查车身前部的倾斜度		
			（104）检查作业- 车外灯 - 检查左前大灯的安装、污染及损坏情况		
			（105）检查作业- 前悬架 - 检查左前减振器的阻尼状态		
			（106）检查作业- 发动机舱盖 - 检查发动机舱盖锁闩的工作情况		
			（107）检查作业- 发动机舱盖 - 检查发动机舱盖铰链有无松动		
			（108）拆装作业- 发动机 - 拆下机油加注口盖		

续表

选手2作业顺序	评分	记录项	作业类型+作业对象+作业内容	合作项目说明	说明
			（109）检查作业- 变速器 - 检查换挡杆及挡位指示灯的工作情况，并将换挡杆置于空挡		
			（110）拆装作业- 作业准备 - 释放驻车制动杆		
			以下是顶起位置2		
			（111）检查作业- 发动机 - 检查发动机各部结合面有无漏油		
			（112）检查作业- 发动机 - 检查发动机各油封有无漏油		
			（113）检查作业- 发动机 - 检查发动机放油螺塞有无漏油		
			（114）拆装作业- 发动机 - 排放发动机机油		
			（115）检查作业- 发动机 - 检查散热器有无脏污、变形、泄漏或损坏		
			（116）检查作业- 传动系 - 检查左驱动轴护套有无泄漏、裂纹或损坏（外侧）		

选手2作业顺序	评分	记录项	作业类型+作业对象+作业内容	合作项目说明	说明
			（117）检查作业- 传动系 - 检查左驱动轴护套有无泄漏、裂纹或损坏（内侧）		
			（118）检查作业- 传动系 - 检查右驱动轴护套有无泄漏、裂纹或损坏（外侧）		
			（119）检查作业- 传动系 - 检查右驱动轴护套有无泄漏、裂纹或损坏（内侧）		
			（120）检查作业- 转向系统 - 检查左转向横拉杆有无松旷、变形或损坏		
			（121）检查作业- 转向系统 - 检查左转向横拉杆防尘罩有无裂纹或损坏		
			（122）检查作业- 转向系统 - 检查右转向横拉杆有无松旷、变形或损坏		
			（123）检查作业- 转向系统 - 检查右转向横拉杆防尘罩有无裂纹或损坏		

续表

选手2作业顺序	评分	记录项	作业类型+作业对象+作业内容	合作项目说明	说明
			（124）检查作业– 制动系统 – 检查制动管和制动软管的接头有无泄漏		
			（125）检查作业– 制动系统 – 检查制动管和制动管软管有无扭结、磨损、腐蚀或其他损坏		
			（126）检查作业– 制动系统 – 检查制动管和制动软管的安装情况		
			（127）检查作业– 燃油供给系统 – 检查燃油管路有无泄漏		
			（128）检查作业– 燃油供给系统 – 检查燃油管路有无扭结、磨损、腐蚀或其他损坏		
			（129）检查作业– 燃油供给系统 – 检查燃油管路的安装及接头紧固情况		
			（130）检查作业– 燃油蒸发系统 – 检查燃油蒸发管路有无泄漏（可见部分）		
			（131）检查作业– 燃油蒸发系统 – 检查燃油蒸发管路有无扭结、磨损、腐蚀或其他损坏（可见部分）		

选手2作业顺序	评分	记录项	作业类型+作业对象+作业内容	合作项目说明	说明
			（132）检查作业- 燃油蒸发系统 - 检查燃油蒸发管路的安装及接头紧固情况（可见部分）		
			（133）检查作业- 排气系统 - 检查三元催化器、排气管、消声器有无凹陷、刮伤、腐蚀或其他损坏		
			（134）检查作业- 排气系统 - 检查排气系统各密封垫片有无泄漏		
			（135）检查作业- 排气系统 - 检查排气管、消声器的吊挂有无损坏或脱落		
			（136）检查作业- 前悬架 - 检查左下控制臂有无变形、刮伤或其他损坏		
			（137）检查作业- 前悬架 - 检查右下控制臂有无变形、刮伤或其他损坏		
			（138）检查作业- 前悬架 - 检查左前转向节和减振器有无变形、裂纹或其他损坏		

选手2作业顺序	评分	记录项	作业类型+作业对象+作业内容	合作项目说明	说明
			（139）检查作业- 前悬架 - 检查右前转向节和减振器有无变形、裂纹或其他损坏		
			（140）检查作业- 前悬架 - 检查稳定杆有无松旷、变形或损坏		
			（141）检查作业- 前悬架 - 检查稳定杆左侧连杆有无松旷、变形或损坏		
			（142）检查作业- 前悬架 - 检查稳定杆右侧连杆有无松旷、变形或损坏		
			（143）检查作业- 后桥 - 检查后桥有无变形、刮伤、裂纹或其他损坏		
			（144）检查作业- 后悬架 - 检查左后减振器有无漏油、变形或损坏		
			（145）检查作业- 后悬架 - 检查右后减振器有无漏油、变形或损坏		
			（146）检查作业- 后悬架 - 检查左后弹簧有无锈蚀、变形或损坏		

选手2作业顺序	评分	记录项	作业类型+作业对象+作业内容	合作项目说明	说明
			（147）检查作业- 后悬架 - 检查右后弹簧有无锈蚀、变形或损坏		
			（148）拆装作业- 发动机 - 更换新的放油螺塞密封件并安装放油螺塞	14	
			（149）紧固作业- 前副车架 - 紧固前副车架与车身连接螺栓（后部）	160	
			（150）紧固作业- 后桥托架 - 紧固后桥托架与车身连接螺栓（内侧）		
			（151）紧固作业- 后悬架 - 紧固左后减振器下螺栓		
			（152）紧固作业- 后悬架 - 紧固右后减振器下螺栓		
			以下是顶起位置3		
			（153）检查作业- 前悬架 - 检查左前减振器有无漏油		
			（154）检查作业- 前悬架 - 检查左前减振器弹簧有无锈蚀、变形或损坏		
			（155）检查作业- 车轮 - 检查左前车轮轴承有无松旷或旋转噪声		

选手2作业顺序	评分	记录项	作业类型+作业对象+作业内容	合作项目说明	说明
			（156）检查作业- 车轮 - 检查左后车轮轴承有无松旷或旋转噪声		
			（157）检查作业- 车轮 - 检查右后车轮轴承有无松旷或旋转噪声		
			（158）检查作业- 前悬架 - 检查右前减振器有无漏油		
			（159）检查作业- 前悬架 - 检查右前减振器弹簧有无锈蚀、变形或损坏		
			（160）检查作业- 车轮 - 检查右前车轮轴承有无松旷或旋转噪声		
			（161）拆装作业- 车轮 - 拆卸左前车轮		
			（162）检查作业- 制动系统 - 检查左前车轮制动钳相对于制动钳托架有无松旷		
			（163）拆装作业- 制动系统 - 拆卸并检查左前车轮制动钳壳体有无裂纹或损坏		

选手2作业顺序	评分	记录项	作业类型+作业对象+作业内容	合作项目说明	说明
			（164）检查作业- 制动系统 － 检查左前车轮制动钳活塞有无制动液泄漏		
			（165）拆装作业- 制动系统 － 拆卸并检查左前车轮制动片固定弹簧有无变形、裂纹或损坏		
			（166）检查作业- 制动系统 － 检查左前车轮制动钳安装托架有无变形或损坏		
			（167）检查作业- 制动系统 － 检查左前车轮制动钳导销是否松旷，导销护套有无裂纹或损坏		
			（168）检测作业- 制动系统 － 测量并记录左前车轮制动片厚度（内侧）		
			（169）检测作业- 制动系统 － 测量并记录左前车轮制动片厚度（外侧）		
			（170）检查作业- 制动系统 － 目视检查左前车轮制动盘有无裂纹、沟槽或损坏		

续表

选手2作业顺序	评分	记录项	作业类型+作业对象+作业内容	合作项目说明	说明
		填写附表	（171）检测作业- 制动系统 - 测量并记录制动盘厚度及偏差		
		填写附表	（172）检测作业- 制动系统 - 测量并记录制动盘横向跳动量		
			（173）拆装作业- 制动系统 - 安装左前车轮制动片固定弹簧、制动片和制动钳		
			（174）拆装作业- 制动系统 - 安装左前车轮并预紧固		
以下是顶起位置4					
			（175）紧固作业- 作业准备 - 拉紧驻车制动杆		
			（176）紧固作业- 作业准备 - 放置车轮挡块		
			（177）紧固作业- 作业准备 - 将换挡杆置于 P 位置		
			（178）紧固作业- 作业准备 - 恢复制动踏板行程		
			（179）紧固作业- 车轮 - 紧固左后车轮螺母		
			（180）紧固作业- 车轮 - 紧固右后车轮螺母		

149

选手2作业顺序	评分	记录项	作业类型+作业对象+作业内容	合作项目说明	说明
			（181）紧固作业- 车轮 - 紧固左前车轮螺母		
			（182）紧固作业- 车轮 - 紧固右前车轮螺母		
			（183）拆装作业- 发动机 - 拆卸机油滤清器盖及密封件		
			（184）拆装作业- 发动机 - 更换机油滤清器滤芯		
			（185）拆装作业- 发动机 - 更换新的密封件并安装机油滤清器盖		
		填写 附表	（186）拆装作业- 发动机 - 填写发动机机油更换记录表并加注发动机机油		
			（187）检查作业- 发动机 - 检查并清洁空气滤清器外壳		
			（188）拆装作业- 发动机 - 更换空气滤清器		
			（189）检查作业- 发动机 - 检查并记录冷却液冰点		光学冰点仪
			（190）检查作业- 作业准备 - 起动发动机并暖机		

续表

选手2作业顺序	评分	记录项	作业类型+作业对象+作业内容	合作项目说明	说明
			（191）检查作业- 玻璃升降器 - 检查左前门玻璃升降器及主控制开关（仅玻璃升降）的工作情况		起动发动机
			（192）检查作业- 玻璃升降器 - 检查右前玻璃升降器的工作情况		起动发动机
			（193）检查作业- 玻璃升降器 - 检查左后玻璃升降器的工作情况		起动发动机
			（194）检查作业- 玻璃升降器 - 检查右后玻璃升降器的工作情况		起动发动机
			（195）检查作业- 车外后视镜 - 检查左后视镜的工作情况		
			（196）检查作业- 车外后视镜 - 检查右后视镜的工作情况		
			（197）检查作业- 发动机 - 复查喷洗液液位，必要时补充		
			（198）检查作业- 发动机冷却系统 - 检查散热器盖有无泄漏		起动发动机
			（199）检测作业- 电源系统 - 检测并记录蓄电池充电电压		起动发动机
		填写附表	（200）检测作业- 发动机排气 - 检测尾气排放值（怠速）		暖机1分钟后方可检查

151

续表

选手2作业顺序	评分	记录项	作业类型+作业对象+作业内容	合作项目说明	说明
			（201）检查作业- 作业准备 - 发动机停机		
			以下是顶起位置5		
			（202）检查作业- 发动机润滑系统 - 检查发动机机油有无泄漏		
			（203）检查作业- 制动系统 - 检查制动液有无泄漏		
			（204）检查作业- 发动机冷却系统 - 检查冷却液有无泄漏		
			以下是顶起位置6		
			（205）恢复作业- 工具准备 - 关闭尾气分析仪并归位		
			（206）检查作业- 发动机冷却系统 - 检查冷却液液位		
			（207）检查作业- 发动机润滑系统 - 检查发动机机油液位		
			（208）恢复作业- 工具准备 - 清洁工具、设备并归位		
			（209）恢复作业- 防护用品 - 拆卸翼子板布和前格栅布		

选手2作业顺序	评分	记录项	作业类型+作业对象+作业内容	合作项目说明	说明
			（210）恢复作业- 防护用品 - 拆除座椅套、地板垫、方向盘套		
			（211）清洁作业- 车辆内部 - 清洁车辆内部、烟灰缸等		
			（212）清洁作业- 车辆外部 - 清洁车辆外部		

说明：选手在自己作业表上的记录项中，将已作业并判定合格的项目打√，不合格的打×，有测量值的记录测量值。

反侵权盗版声明

电子工业出版社依法对本作品享有专有出版权。任何未经权利人书面许可，复制、销售或通过信息网络传播本作品的行为，歪曲、篡改、剽窃本作品的行为，均违反《中华人民共和国著作权法》，其行为人应承担相应的民事责任和行政责任，构成犯罪的，将被依法追究刑事责任。

为了维护市场秩序，保护权利人的合法权益，我社将依法查处和打击侵权盗版的单位和个人。欢迎社会各界人士积极举报侵权盗版行为，本社将奖励举报有功人员，并保证举报人的信息不被泄露。

举报电话：（010）88254396；（010）88258888

传　　真：（010）88254397

E-mail：　dbqq@phei.com.cn

通信地址：北京市万寿路 173 信箱
　　　　　电子工业出版社总编办公室

邮　　编：100036